Ursula Pirker

Christine Nöstlinger

Die Buchstabenfabrikantin

herausgegeben von Marion Mauthe

Die Deutsche Bibliothek – CIP Einheitsaufnahme
Ursula Pirker
Christine Nöstlinger
Die Buchstabenfabrikantin
herausgegeben von Marion Mauthe
Wien: Molden Verlag 2007
ISBN 978-3-85485-197-4

www.molden.at

Umschlaggestaltung Emanuel Mauthe unter Verwendung eines
Fotos von Alexa Gelberg
Druck: Druckerei Theiss GmbH, St. Stefan

ISBN 978-3-85485-197-4

Ursula Pirker

Christine Nöstlinger

Die Buchstabenfabrikantin

herausgegeben von Marion Mauthe

Molden Verlag

Inhalt

Einleitung

»Als ich das Licht der Welt erblickte, war ich vier Kilo und dreizehn Deka schwer und hatte schwarze Haare auf dem Kopf.

Laut Aussagen meiner Mutter war ich ein schönes Kind, was angeblich davon kam, dass ich gut drei Wochen zu lange im Bauch meiner Mutter geblieben war. Ich kam also schon als ziemlich erwachsener Säugling, ohne Knitterfalten und übliches zwergisches Baby-Outfit, ins Erdenleben.

Ein wildes, wütendes Kind war ich angeblich auch. Aber meine Mutter ist noch heute sehr stolz darauf, dass sie mir das abgewöhnt hat. Aber wie Mütter so sind, regt sie sich heute auf, dass ich mir von allen Leuten zu viel gefallen lasse, und rät mir an, öfter wütend zu werden.

Im Kindergarten hatte ich es gut, weil meine Mutter die Kindergärtnerin war. Das brachte mir viel Ansehen bei den anderen Kindern.

Bei meiner Mutter nicht. Sie bemäkelte damals immer, dass ich mich stets zu den Schlimmen und zu den Verlausten hingezogen fühlte. Dauernd wollte sie mir brave Freunde vermitteln, aber die mochte ich nicht. In der Schule hatte ich darunter zu leiden, dass meine große Schwester Schulbeste war und die Lehrer deshalb von mir ähnliche Leistungen erwarteten. Im Laufe von acht Gymnasialjahren sahen sie aber doch ein, dass sie mit dieser Erwartung einem großen Irrtum unterlegen waren. Aber sitzen geblieben bin ich nie.

Damals war das nämlich noch eine Schande.

Und außerdem hätte ich dann ein Jahr länger in die Schule gehen müssen, und davor hat mir so gegraust, dass ich lieber ein bisschen gelernt habe. Später wollte ich Malerin werden.

Doch als ich dann auf die Akademie ging, um das Malen richtig zu erlernen, habe ich gemerkt, dass nie eine richtige große Malerin aus mir werden wird, weil mein Talent nur mittelmäßig war.

Da habe ich einen großen Schreck bekommen und geheiratet und zwei Kinder bekommen.

Den Schreck habe ich jetzt nicht mehr, aber die Kinder habe ich immer noch. Sie sind schon ziemlich erwachsen.

Auf die Idee, Kinderbücher zu schreiben, bin ich überhaupt nie gekommen. Ich wollte, weil mir zu Hause mit den zwei Kindern so langweilig war, ein Kinderbuch malen. Dazu habe ich aber eine Geschichte gebraucht. Die habe ich mir erfunden und aufgeschrieben. Und wie dann das Kinderbuch fertig war, hat den Leuten meine Geschichte besser gefallen als meine Bilder.

Da habe ich mir gedacht: Na schön!

Dann male ich halt nicht!

Dann schreibe ich eben! Und das tue ich nun seit vielen Jahren schon. Meistens schreibe ich sieben Tage in der Woche von früh bis spät, aber manchmal mag ich nicht, dann stricke ich Pullover und schaue mir dabei ganz dumme Sachen im Fernsehen an.

Und damit ich mir keine Vorwürfe machen muss, so dumme Sachen angeschaut zu haben, schreibe ich dann in einer Zeitung darüber eine Fernseh-Kritik.

Vor Spinnen habe ich Angst. Schlangen und Mäuse mag ich.

Beim Essen bin ich besonders heikel. Viele Sachen schmecken mir nicht.

Sportlich bin ich überhaupt nicht. Auf Ski, in Eislaufschuhe bringt mich keiner. Auch jeden Tennisschläger lasse ich angewidert aus der Hand fallen. Unmusikalisch bin ich auch. Dabei würde ich schrecklich gern schön singen können. Es würde mir sogar schon reichen, wenn ich hässlich und falsch singen könnte. Aber sooft ich es probiere, sagt jemand zu mir: ›Bitte, hör auf, das ist ja nicht auszuhalten!‹

Unglücklich bin ich nur selten.

Das wundert mich manchmal.

Sonst fällt mir zu mir nichts mehr ein.« *)

Dass der wohl bekanntesten deutschsprachigen Kinderbuchautorin zu sich selbst nichts mehr einfällt, wollten meine Tochter Daniela und ich nicht ungeprüft lassen. Wir haben die Nöstlinger besucht. Bei den gemeinsam geführten Interviews unterstützte mich meine Tochter ganz besonders, brachte sie doch wegen ihres jugendlichen Alters eine weitere Perspektive in die Themenkreise ein. Wir haben auch gemeinsam recherchiert, um unser Bild über Leben und Werk der Christine Nöstlinger abzurunden, und hoffen nun, dass dieses Buch als unprätentiöser Beitrag zum besseren Verständnis einer unprätentiösen Autorin dient.

---

*) Christine Nöstlinger: Ich über mich (aus: »Geplant habe ich gar nichts«), Dachs-Verlag, Wien

Zu Besuch bei Christine Nöstlinger

Eines der Häuser aus der Jahrhundertwende wie sie typisch für Wien sind: Ornamentierte Fassaden mit Erkern und Loggien, mehrstöckig, Feuermauer an Feuermauer gestellt, die Hinterhöfe eine grüne Oase mitten im Trubel einer Großstadt. Seit es keine Hausmeister mehr gibt, sind alle Häuser mit Gegensprechanlagen versehen und auch tagsüber versperrt. Wir nähern uns dem Haustor und stellen verwundert fest, dass der Name »Nöstlinger« gleich zweimal auf dem Klingelschild steht, das zweite Mal mit der Ergänzung »Büro«. Wir wählen blindlings einen der beiden Knöpfe, und es antwortet sofort die Stimme Christine Nöstlingers, die uns anweist, in den zweiten Stock zu kommen. Das Stiegenhaus erinnert an alte Zeiten, auf allen nur erdenklichen Gegenständen stehen Blumentöpfe mit Setzlingen, vor den Türen zum Teil Schuhe, kleine Stellagen, sogar frisches Gemüse. Es wirkt sehr gemütlich.

Christine Nöstlinger empfängt uns gleich an der Tür. Sie trägt einen strahlend gelben Pulli. Sie

Christine Nöstlingers Wohnhaus in Wien

sieht zerbrechlicher aus, als wir sie in Erinnerung haben, doch ihre kräftige, tiefe und eher raue Stimme hat sich kein bisschen verändert.

Wir kommen in ein sehr großes und helles Wohnzimmer mit einem auffallend großen Esstisch und einer hellen Sitzecke. Die im Wohnzimmer stehende alte Schaufensterpuppe erschreckt uns im ersten Augenblick. Die Fenster sind ohne Gardinen, am Fensterbrett fallen unzählige Glaskugeln auf, offensichtlich eine Sammlung. Es ist sehr warm in der Wohnung. Nöstlinger erzählt uns auch bald, dass die meisten Besucher bei ihr schwitzen, weil sie ihre Wohnung stets auf ungefähr 27 Grad Celsius aufheizt.

Im Stiegenhaus

Wer einer Kinderbuchautorin begegnet, fragt selbstverständlich nach deren Kindheit. »Das ist auch durchaus legitim«, meint die Nöstlinger, »weil jeder, der für Kinder schreibt, bei seiner Arbeit enorm auf die Erinnerung an seine eigene Kindheit angewiesen ist.« Schließlich sei das Kind, das er einmal war, das einzige Modell von Kind, das er durch und durch kennt. Oder zumindest zu kennen meint. Nicht legitim ist allerdings die sehr oft gestellte Frage, ob die eigene Kindheit eine glückliche gewesen sei. »Ich jedenfalls kann mit dem Begriff ›glückliche Kindheit‹ wenig anfangen. Ich kann nur sagen, dass ich in meiner Kindheit so heftige Glücksgefühle hatte wie später nie mehr. Und ebenso gewaltige Unglücksgefühle wie später nie mehr.«

Christine Nöstlinger wurde 1936 in Wien, in der so genannten Wiener Vorstadt, in einem Arbeiterbezirk geboren. Ihre Mutter war Kindergärtnerin in einem städtischen Kindergarten. Ihr Vater war Uhrmacher und, wie so viele in den dreißiger Jahren des vorigen Jahrhunderts, arbeitslos; wodurch sie – rare Ausnahme zu dieser Zeit – ein vom Vater gewickeltes, gefüttertes und in den Schlaf gesungenes Baby und Kleinkind war.

»Als Kind habe ich in der Geblergasse in Hernals in Wien gewohnt«, erzählt sie uns. »Damals

Blick in den Hinterhofgarten

regierten in Österreich die Austro-Faschisten. Als ich zwei Jahre alt war, marschierte Adolf Hitler in Österreich ein, als ich drei war, musste mein Vater in Polen einmarschieren und hernach zu Fuß bis knapp vor Moskau vordringen, und mir war für sechs lange Jahre meine innig geliebte Bezugsperson geraubt.«

Als sie vier war, kam sie in den Kindergarten ihrer Mutter. »An und für sich ist es eigentlich nicht erlaubt, aber irgendwie war das halt so im

Im Wiener Wohnzimmer

Krieg und weil der andere Kindergarten zu weit weg war.«

In ihren autobiografischen Romanen »Maikäfer, flieg!« und »Zwei Wochen im Mai« spielen die Großeltern eine wichtige Rolle. Die schwerhörige Großmutter Julia, von ihrem Mann Juli genannt, und der ewig gutmütige Großvater Leopold, von seiner Frau Lepold genannt. Das waren die Eltern des Vaters. Und die Eltern der Mutter? »Der andere Großvater hieß Rudolf, den habe ich überhaupt nicht leiden können, das war ein furchtbarer Mensch, und meine Großmutter mütterlicherseits, die habe ich nie gekannt. Sie hieß Adelheid und sie hat sich mit 24 Jahren umgebracht, und zwar auf eine tolle Art und Weise: Sie hat erstens Gift genommen, zweitens hat sie sich die Pulsadern aufgeschnitten, drittens ist sie mit den aufgeschnittenen Pulsadern und dem Gift intus auf das Fensterbrett im vierten Stock gestiegen, hat sich dann die Schnur von der Jalousie um den Hals gewickelt und ist runtergesprungen, wodurch sie sich durch die Schnur sozusagen erhängt und dann das Kreuz gebrochen hat – dann ist sie unten aufgeschlagen. Das muss wahrscheinlich eine Art Stillpsychose gewesen sein, nimmt man nach heutigen Erkenntnissen an, denn sie hatte 14 Tage davor ein Kind bekommen, das kam, glaub ich, schon tot zur Welt. So genau wusste das meine

Mutter alles nicht, denn sie war ja erst drei oder vier Jahre alt, als das Ganze passiert ist.«

Ab ihrem fünften Lebensjahr bestimmte den Alltag die unschöne Regelmäßigkeit, mit der sich Christine Nöstlinger in diversen Kellern vor den Bombenangriffen der Alliierten schützen musste. »Zweimal schlug eine Bombe in das Haus ein, in dessen Keller ich hockte, aber nur einmal war der Keller verschüttet und wir mussten ›ausgegraben‹ werden«, sagt sie so leichthin, als wären die schrecklichen Stunden des Eingeschlossenseins ein Kinderspiel gewesen.

Maikäfer, flieg!, 1973

In »Zwei Wochen im Mai« klingt das so: »Im Keller sitzen, wenn eine Bombe ins Haus fällt, war das Schrecklichste, was ich je erlebt hatte. Und über das Schrecklichste war sehr schwer zu reden. Da hätte man von der großen Angst reden müssen. Ich kannte kein Kind, das über Angst redete. Über die eigene Angst.«

In den Kriegsjahren konnte sie nicht über Mangel klagen, sagt sie uns heute, obwohl keine Leckerbissen mehr zu haben waren. »Da gab es noch bei unserem Greißler das Blechschild mit der Bensdorp an der Wand, aber ich habe nie Schokolade gehabt. Meine Schwester, die um fünf Jahre älter war, hat mir dann irgendwie versucht zu erklären, wie Schokolade schmeckt. Einmal, das ist mir in Erinnerung, da gab es anscheinend auf Marken pro Kind eine Orange, das hat man ja sonst auch nicht gehabt.« Obwohl sie uns erzählt, dass für ein Kind, das den Frieden nicht kannte, der Krieg der normale Alltag war, sind die prägenden Jahre für diese Generation dennoch ungewöhnlich verlaufen. »Für eine Familie wie wir, Mutter und zwei Kinder, gab es 30 Deka Fleisch in der Woche. Das haben wir aber nie gekriegt, weil meine Mutter immer gesagt hat, sie kriegt eh nur das ›G'flachserte‹. Sie ist dann beim Fleischhauer irgendwie auch draufgekommen, wer welches Teil bekommt, und das wurde bei uns dann in Extrawurst umgesetzt. Ich glaube, da hat man dann doppelt so viel Wurst gekriegt. So richtig zum Hungern war es aber nie. Milch, Butter, Brot und Erdäpfel hat es genügend gegeben. Obst dagegen nur wenig. Ich weiß zum Beispiel, dass wir, um an mehr Obst zu kommen, im Sommer zu einer Freundin meiner Mutter nach Gerasdorf gefahren sind. Da ist man zuerst mit dem C-Wagen bis zum Ringturm gefahren, dann mit dem 331er bis Stammersdorf, dann mit dem Autobus bis zum Friedhof und dann quer über die Felder, und dann waren wir endlich dort. Zum Abschied haben wir dann zwei Kilo Marillen oder drei Kilo Kirschen gekriegt, wir waren ganz glücklich und sind dann damit wieder die zwei Stunden oder zweieinhalb Stunden zurückgefahren.«

Der Alltag im Krieg war für das Kind Christine vor allem dann deprimierend, wenn die Mutter traurig wurde, weil schon über längere Zeit kein Feldpostbrief vom Vater kam. »Das merken ja Kinder, auch wenn die Mutter sich zu beherrschen versucht. Dann kam wieder Post, dann war es halt wieder etwas lustiger. Dazu kam noch, dass meine Mutter ein Disziplinarverfahren hatte und immer zur Gestapo musste. Zuerst weil sie die Kinder im Kindergarten nicht so erzog, wie das damals üblich war, und ihnen weder Hitlergruß noch Hitlerlieder beigebracht hat. Sie hat sich irgendwie krank gemeldet und ist nicht mehr hingegangen. Sie war natürlich nicht krank, und dann kam wieder ein Disziplinarverfahren gegen sie.«

Durch die besondere politische Atmosphäre in ihrer Familie, so Christine Nöstlinger, habe sie schon bald verstanden, worüber man mit wem reden darf und worüber nicht. Ihr Onkel, der Bruder der Mutter, war ein »Obernazi«, mit dem ständig gestritten wurde. Obwohl ihre Mutter eine erklärte Sozialistin war und seine Meinungen absolut nicht teilen konnte, liebte sie ihn. Einmal nutzte sie sogar seinen politischen Einfluss, als der Vater schwerkrank im Lazarett in Polen lag. Nicht

Zwei Wochen
im Mai, 1973

ohne Häme muss Nöstlinger heute aber feststellen, dass sie schon als Kind bei diesen Diskussionen Sätze wie »Die Juden gehen alle durch den Rauchfang« gehört habe. »Ich habe gefragt, was das heißt. Meine Mutter hat es mir erklärt, und da soll mir niemand sagen, man hätte es nicht wissen können.«

Gefährlich wurde es nur, wenn's ums »Vernadern« ging. Wann immer es sich ergab, dass einer sich über die schlechte Versorgungslage oder sonstige Unzulänglichkeiten während der Jahre der Diktatur beschwerte, konnte er im Prinzip nicht sicher sein, ob sich da nicht irgendwo eine Person fand, die gewillt war, ihn anzuzeigen. »Ich denke, es prägt einen Menschen, wenn er zwei Drittel seiner Kindheit unter einer Diktatur und im Krieg verbracht hat«, sagt die Nöstlinger.

In ihrem Fall vor allem deshalb, weil alle ihre Bezugspersonen strikte Antifaschisten waren und das Kind darüber von klein auf nicht im Unklaren ließen. »Das klingt ziemlich trist, war es aber nicht. Ich glaube, ich kam gut damit zurecht. Ich akzeptierte einfach, dass unser Land von ›Verbrechern‹ regiert wurde, dass der Krieg so schnell wie möglich verloren werden musste, dass ich nicht glauben durfte, was mir die Frau Lehrerin in der Schule an Idealen und Werten eindrillen wollte, und zudem, dass ich über all dies außer Haus kein Wort verlieren durfte, um Mutter, Großvater und Großmutter nicht in Lebensgefahr zu bringen.« Der Vater war ohnehin schon irgendwo in Russland in latenter Lebensgefahr. Das reichte. »Ich glaub auch gar nicht, dass meine Mutter oder mein Großvater mir gesagt haben, das darfst du nirgendwo anders erzählen, ich glaube, das wissen Kinder einfach. Vor allem gab es bei uns in der Gegend eigentlich kaum Nazis, in jedem Haus einen vielleicht, und der war sozusagen das Gespött der anderen Hausparteien. Bei uns gab es die Frau Donner, die immer mit ›Heil Hitler‹ gegrüßt hat, und das hat sich wie ›Heitler‹ angehört. Wir Kinder sind dann bei der Hoftür gestanden und haben immer ›Heitler, Heitler‹ hinaufgeschrien. Meine Großmutter, die sehr schwerhörig war, hat ja oft ganz laut auf den Hitler geschimpft, und ich erinnere mich, dass ich einmal neben ihr gestanden bin und sie hat wieder so geschimpft, und die Milchfrau hat immer gesagt: ›Frau Göth, Frau Göth, Sie reden sich ja ums Leben!‹«

Und wenn ihre gleichaltrigen Freundinnen davon schwärmten, in zwei, drei Jahren endlich dem »Bund deutscher Mädchen« beitreten zu dürfen, dann hielt sie den Mund. »Ich dachte mir: Schnecken! Vorher geht nämlich der Krieg verloren und alle Nazis werden eingesperrt und alle Juden, die noch leben, kommen wieder, und die ›Demokratie‹

kommt auch zurück.« Von dieser »Demokratie« erzählte der Großvater oft und sie sehnte sich nach ihr. Und nicht nur, weil der Großvater versprach, dass es dann wieder Schokolade und Schinkensemmeln geben werde. »Paradiesische Qualitäten dachte ich dieser unbekannten Demokratie zu, eine Art Schlaraffenland an Gerechtigkeit und Freiheit und Solidarität erhoffte ich mir von ihr. Mein Großvater konnte eben sehr, sehr schön erzählen.«

Sie hatte nur insoweit Recht behalten, als ihre Freundinnen auf den »Bund deutscher Mädchen« verzichten mussten. Sämtliche Nazis, die sie kannte, wurden nicht eingesperrt, die Juden, die die Shoa überlebt hatten, wurden in Österreich nicht willkommen geheißen, und die Lehrerin, die sie drei Jahre lang mit Nazi-Ideologie zu indoktrinieren versucht hatte, pries nun, ohne auch nur ein wenig schamrot zu werden, die Segnungen der Demokratie an und sprach täglich den amerikanischen Befreiern ihren innigen Dank aus. »Dass an der Befreiung Österreichs die UdSSR einen gewaltigen Anteil hatte, schien ihr entgangen zu sein«, bemerkt Christine Nöstlinger hämisch.

Sie erzählt vom 8. März 1945, als nach der Zerstörung ihres Wohnhauses durch eine Bombe die nunmehr obdachlose Familie von Hernals zu Fuß nach Neuwaldegg marschierte und eine Unterkunft in einer Villa fand, in der mehrere Familien, die ebenfalls ausgebombt waren, untergebracht wurden. Natürlich war dieses enge Zusammenleben, das in »Maikäfer, flieg!« aus kindlicher Sicht eher als Abenteuer betrachtet wird, nicht ganz ungetrübt. Die Angst war ein ständiger, wenn auch bereits gewohnter Begleiter. Wider Erwarten waren die Russen allerdings bei Weitem nicht so zum Fürchten, wie man es den Kindern erzählt hatte. Eher humorvoll schildert Christine Nöstlinger die »nette Beziehung«, die ihre Mutter zu einem stets betrunkenen Russen hatte. Dieser war Bäcker und hat ihr jedes Mal, wenn er wieder völlig betrunken war, vorgeweint, dass er gern Brot backen würde.

Die Mutter schlug vor, dass er das ja hier in ihrer Küche tun könne. Dann kam er mit Mehl und anderen Zutaten – und schlief ein. »Während er schlief, hat meine Mutter das Mehl weggeräumt, wenn er wieder aufgewacht ist, ist er seiner Wege gegangen. Davon haben wir uns ernährt.« Nöstlinger schildert die habgierigen und wahllosen Plünderungen von Lebensmittellagern, die Kinder, die »Tschuwinggam plies, Tschuwinggam« schreiend vor der Schule standen, in der Amerikaner einquartiert waren. Ab und zu hätten die Amerikaner einen einzigen Kaugummi in die Kindermenge geschmissen und alle Kinder hätten sich darauf gestürzt. »Die Amerikaner haben mich verstört, weil ich von den Russen gewohnt war, das Wenige, das sie hatten, zu teilen.«

Und sie spricht für alle, die jetzt jenseits der Siebzig sind, wenn sie sagt: »Den Krieg hatte ich gut gekannt, im Krieg hatte ich mich ausgekannt. Den Frieden musste ich erst lernen, und ich war keine gute Schülerin im Frieden-Lernen.« Warum? Vielleicht weil in Ausnahmezeiten so Vieles getan wird, was im Frieden polizeilich geahndet wird. So heißt beispielsweise das, was man im Krieg oder in der unmittelbaren Nachkriegszeit »organisieren« nannte, im Frieden stehlen. In »Maikäfer, flieg!« schildert sie die Plünderung eines NSV-Heims:

»Da waren mindestens fünfzig Leute. Und was sie taten, war ziemlich sonderbar. Sie rannten in den Gängen zwischen den Regalen herum. Sie rissen Löcher in die blauen Papiersäcke. Sie warfen die weißen Schachteln von den Brettern. Sie schnitten mit Messern die braunen Stoffsäcke auf, schauten hinein und rannten weiter. Sie luden sich zwei blaue Säcke auf die Schultern, warfen sie wieder ab, packten einen braunen Sack, liefen zum Ausgang, schmissen den braunen Sack wieder in die Ecke und nahmen dafür drei weiße Schachteln. Durch die Löcher, die sie in die Säcke gemacht hatten, rieselten Fleckerln und

Bohnen und Erbsen und Suppennudeln auf den Boden. Und noch eine Menge Sachen, von denen ich nicht wusste, wozu sie gut waren.« Was, bitteschön, soll sich eine Achtjährige bei solchem Verhalten denken?

»Für mich war der Krieg vorbei, als wir wieder in unsere Wohnung zogen, irgendwann im Sommer.« Da begann der Alltag im Frieden. Und Christine hat sich den Frieden ganz anders erträumt: mit schönen Kleidern und Dauerwellen im Haar. Und mit den vom Großvater versprochenen Schinkensemmeln. Doch so was konnten sich nur die leisten, die Schwarzhandel trieben oder »Beziehungen« hatten.

Wen wundert's, wenn ein hellwaches Kind, wie die Nöstlinger eines war, sehr skeptisch auf ihre Umwelt reagierte und sämtliche Autoritäten anzuzweifeln begann? Ab diesem Zeitpunkt glaubt sie nichts mehr ungeprüft, misstraut den Mehrheitsmeinungen, solidarisiert sich mit Minderheiten und Außenseitern der Gesellschaft und perfektioniert zudem ihre Witterung für Ungerechtigkeiten aller Arten und Sorten.

Das allerdings bringt einem in den Jugendjahren viel schulisches Ungemach, vor allem, wenn man in ein katholisches Gymnasium geht, aber auch das war – mit der nötigen Rückendeckung durch die Familie – leicht auszuhalten.

»Irgendwelche Hinweise darauf, dass aus mir eine Schriftstellerin werden könnte, sehe ich für meine Schulzeit nicht einmal rückblickend. Meine Aufsätze wurden schlecht benotet, was ich schrieb, gefiel halt der werten Frau Professor nicht. Was ich las – und ich las viel – gefiel ihr auch nicht. Das waren allesamt Autoren, die auf ihrem Privat-Index standen. Tucholsky, Brecht, Ringelnatz, Erwachsenen-Kästner und ähnlich Gesinnte. Aber mich grämte das nicht im Geringsten. Eine schlechte Note auf eine Mathematik-Arbeit hätte mich wesentlich mehr gestört. Und auf meine außergewöhnlich schlechte Note in ›Betragen‹ war ich sogar unheimlich stolz. Sie zeugte davon, fand ich, dass ich mich etwas ›traute‹ und ›aufmuckte‹ und mich den herrschenden Verhältnissen, die ich für keine guten hielt, nicht widerspruchslos anpasste.«

Mathematik war tatsächlich ihr Lieblingsfach. »Erstens wollte ich nie das typisch weibliche Rollenmuster bedienen, zweitens ist es mir sehr leichtgefallen. Mit Deutsch hatte ich eher Probleme, da ich starken Dialekt gesprochen habe, und das haben die im Gymnasium nicht so gern gesehen. Irgendwie konnte ich gar nicht richtig ›schön‹ sprechen, so wie die Lehrer das wollten. Außerdem haben alle Lehrer von mir erwartet, dass ich genauso brav und fleißig sein werde wie meine Schwester, aber das war ich nicht.«

Wir fragen nach Christine Nöstlingers Lieblingslehrer. Nach all dem, was sie uns bisher erzählt hatte, war die Antwort wenig überraschend: »Da hatte ich ganz entschieden KEINEN! Mit manchen ist man halt besser ausgekommen, mit manchen schlechter. Vor manchen hat mir sogar richtig gegraust. Überhaupt nicht verstanden habe ich, warum ich Lehrer ernst nehmen sollte, die schon während der NS-Zeit an dem Gymnasium unterrichtet hatten und dann nach dem Krieg plötzlich so taten, als wären sie nie Nazis gewesen.«

In der gemütlichen Wiener Wohnung sitzend, können die Erzählungen aus den Kriegstagen anachronistischer nicht sein.

Doch nicht nur wir fragen Christine Nöstlinger nach ihren Erlebnissen in der Kindheit. So findet sich in Nöstlingers Bibliografie eine Sammlung der zwischen 1972 und 1995 entstandenen Aufsätze, Reden und Interviews mit dem Titel »Geplant habe ich gar nichts« (Dachs Verlag). Darunter ein eindrucksvolles Vorwort, das Nöstlinger für Robert Neumanns »Die Kinder von Wien« geschrieben hat.

Kurz zur Entstehungsgeschichte des Buches: 1946 wurde der Band unter dem Titel »Children of Vienna« in englischer Sprache erstmals veröffentlicht. Es folgten Übersetzungen in 18 weitere Sprachen, bemerkenswerterweise aber nicht ins Deutsche. Erst 1974, fast drei Jahrzehnte nach Kriegsende, erscheinen »Die Kinder von Wien« schließlich auch auf Deutsch. Hier wird eindrucksvoll der Überlebenskampf von fünf Wiener Kindern im Jahr 1945 geschildert.

Christine Nöstlinger, die sich, wie sie immer wieder sagt, eigentlich gar nicht dazu befähigt fühlte, ein Vorwort für dieses Buch zu verfassen, liefert in den für sie charakteristischen, klaren prägnanten Sätzen eine Schilderung der Zustände zu dieser Zeit aus der Sicht des Kindes Christine. Eingehend beschreibt sie die verschiedenen Speisen, die sie aus der UdSSR, aus den USA und auch aus Schweden als Spende bekamen, um nicht Hunger leiden zu müssen. Trotz der Armut und des chronischen Lebensmittelmangels hätten die Kinder aber auch damals nicht ihren Stolz verraten. »Es gab auch damals Kinder, die sich trotz andauerndem, nagendem Hungergefühl nicht in der Lage sahen, schleimige, dunkelgraue Brockensuppe lauwarm zu löffeln.« (»Die Kinder von Wien«, S. 7)

Sie beschreibt die Wohnverhältnisse der Wiener Kinder, die sie aus eigener Erfahrung kannte. In den Wohnungen war es meist dunkel, da die fehlenden Glasfensterscheiben durch Holz, Blech oder Ersatzscheiben aus Hasenstallgitter mit regenfestem Pergament ersetzt worden waren. Manche Zimmer-Küche-Kabinett-Wohnung war hoffnungslos mit Menschen überfüllt.

»Für mich – als Kind – war es widerspruchslos hingenommene Tatsache, dass die Bomben dort fallen, wo die Arbeiter wohnen, dass die Russen dort plündern und vergewaltigen, wo die Arbeiter wohnen, dass die Amis für Nylons und Instant-Coffee dort beischlafen dürfen, wo die Arbeiter wohnen. [...] Kinder, damals, nahmen ziemlich alles widerspruchslos hin: den Krieg, die Bomben, die Nazis, das Kriegsende, die Befreier, den Hunger, die Spenden – wir hatten nichts anderes erlebt, nichts, was wir all dem Elend hätten entgegensetzen können.« (»Die Kinder von Wien«, S. 9)

Es ist nicht verwunderlich, wenn sich Christine Nöstlinger in unserem Interview über das mangelnde Politikinteresse der heutigen Jugend beklagt, wenn sie selbst als Zehnjährige schon genau wusste, wer ein Nazikind, wer Kommunistenkind und wer Sozialistenkind war. Sie selbst war ja ein Sozialistenkind, hielt aber ebenso wie die Kommunistenkinder ihrer Klasse diesbezüglich den Mund. Sie gibt unumwunden zu, dass auch Sozialisten aus ihrer Sicht opportunistisch waren.

»Wir waren ohne Orientierung. Wir waren ohne Moral. Ich mochte es, dass mein Großvater über die ›dummen Amis‹, die ›blöden Farmer-Buben‹ laut herzog. Ich mochte es, wenn mir ein GI einen Kaugummi schenkte und mich freundlich angrinste. Ich mochte es, wenn meine Mutter von den Tagen um das Kriegsende herum erzählte und die russischen Soldaten, die bei uns einquartiert gewesen waren, lobte, weil sie sehr freundlich zu uns gewesen waren. Ich protestierte mit keinem Wort, wenn meine Freundinnen über die Russen schimpften und sie als ›Untermenschen‹ bezeichneten. Ich hockte in den Wohnungen der heimgekehrten Nazis, aß gierig ihre Schmalzbrote und hörte mir an, wie sie noch immer über die Juden loszogen. Ich hockte in den Wohnungen der heimgekehrten Juden, aß gierig ihre Cornflakes und hörte mir an, was sie über die Nazis zu sagen hatten. – Nein, Moral und Anstand war da nicht viel im Spiel.« (»Die Kinder von Wien«, S. 10)

Eindrucksvolle und mutige Sätze einer beeindruckenden Frau.

Familiengeschichten

Dass Väter während des Heranwachsens eines Kindes eine wichtige pädagogische und emotionale Rolle spielen, weiß man nicht erst seit der Etablierung der Entwicklungspsychologie als Wissenschaftszweig. Jene Kinder, die ihre Väter, Brüder, Onkel im Krieg verloren hatten, mussten ihren Verlust auf unterschiedlichste Weise verarbeiten. Christine Nöstlinger hatte Glück im Unglück, denn ihr Vater konnte, wenn auch verletzt, noch vor Kriegsende zu seiner Familie zurückkehren – er war aus dem Wiener Lazarett, in das er eingewiesen worden war, desertiert, als dieses beim Vorrücken der Roten Armee evakuiert wurde. In »Zwei Wochen im Mai« spielt der Vater bereits eine wichtigere Rolle als im ersten autobiografischen Roman, bezieht sich doch die Handlung auf die ersten Friedensjahre, also auf die Erlebnisse des zehn- bis zwölfjährigen Mädchens, das die Nöstlinger damals war. In vielen Facetten wird hier die Beziehung zum Vater geschildert, der als selbstständiger Uhrmacher – eigentlich Uhrenreparateur – zu Hause arbeitete. Seine Kabinett-Werkstatt war vor allem für die Mutter tabu, denn hier durfte nicht Ordnung gemacht werden, auch seine Bettstatt hatte der Vater in diesem Raum. Er war ein so genannter »Nachtmensch«, dessen Lebensgeister erst erwachten, wenn es dunkel wurde. Dann las er bis spät in die Nacht hinein. Ein unkonventionelles Leben für die damalige Zeit, ein ungewöhnlicher Mann allemal:

»Die Vorstellung, dass mir mein Vater eine Ohrfeige geben könnte, war komisch für mich. Einfach unmöglich war das! Niemandem konnte mein Vater eine Ohrfeige geben. Dazu hatte er die falschen Hände. Sehr schmale Hände mit sehr langen Fingern. Hände mit ganz warmer, ganz brauner Haut. Magere Hände, an denen so wenig Fleisch war, dass man jede Ader auf den Handrücken genau sehen konnte. Das waren Hände zum Uhrenreparieren und zum Streicheln, zum Seifenschaum-Wegtupfen und zum Buchseiten-Umblättern«, heißt es da in »Zwei Wochen im Mai«.

Auch der Großvater spielte in diesem Kinderleben eine große Rolle, war er doch zu alt, um einrücken zu müssen, und daher zeitweise der Vaterersatz. Beide Männer nannten die kleine Christl »Menscherl«, eine Vertraulichkeit, die sich nicht alle Familienmitglieder erlauben durften.

Eine der köstlichsten Großvater-Beschreibungen findet sich in »Zwei Wochen im Mai«, als das Kind Schule schwänzte und bei den Großeltern Unterschlupf fand. Es war noch zeitig in der Früh, der Großvater hatte seine Morgentoilette noch nicht erledigt. Und tags zuvor gab es einige Aufregung, weil die Großmutter einen Skandal um eine angebliche Affäre des Großvaters mit einer rothaarigen Dame aus dem letzten Stock des gemeinsamen Wohnhauses gemacht hatte.

»Der Großvater war sehr groß. Er hatte dünne Arme und dünne Beine und einen kleinen, prallen Kugelbauch. Der Kugelbauch, das hatte mir der Großvater genau erklärt, war kein Fettbauch. ›Mein gasgefüllter Luftballon‹ nannte der Großvater seinen Bauch.

Zwei Magengeschwüre waren irgendwo im Bauch drinnen. Und das Essen, das die Großmutter kochte, vertrugen diese Magengeschwüre nicht. Da blähte sich dann der Bauch wütend, wenn er das Großmutter-Essen verdauen musste. Rülpsend und pforzend protestierte er. Und nach dem Pforzer und Rülpser seufzte der Großvater erleichtert auf, weil wieder ein wenig Gas aus dem Luftballon entwichen war.

Ich schaute den Großvater aufmerksam an. An den Waden, unter der weißen Krepppapierhaut, waren dicke, blaue Adern. Krampfadern. Die

Krampfadern, das wusste ich, taten dem Großvater oft weh … Doch an diesem Morgen interessierten mich die Krampfadern nicht. An diesem Morgen interessierte mich am nackten Großvater etwas, das mich vorher noch nie interessiert hatte. Mich interessierte das, was der Großvater sein ›Gscham‹ nannte. Ich schaute dem Großvater auf die geringelten weißen Schamhaare und auf den winzig kleinen schweinsrosa Penis dazwischen und war mir plötzlich ganz sicher, dass die Minna-Tante die Geschichte von der ›Roten‹ einfach erfunden hatte … Sein Körper, nackt bis auf die Schnurrbartbinde, war mir Beweis genug für seine Unschuld. Wer so aussah, wer so ein ›Gscham‹ hatte, der hatte nichts mit Liebe zu tun: außer mit Großvaterliebe zu mir.«

Die Beziehung zur Mutter war stets ein wenig getrübt. Die Mutter hätte es nämlich gern gesehen, wenn beide Mädchen gleich unkompliziert aufzuziehen gewesen wären, und kam mit der Aufmüpfigkeit ihrer Jüngeren weitaus weniger gut zurecht als der Vater.

In »Zwei Wochen im Mai« schildert Nöstlinger anhand ihres Lieblingsfaches Mathematik das Beziehungsgeflecht der Familie:

»Mathematik mochte ich. Ein Dreieck so zu zeichnen und die Winkelsymmetrien so zu ziehen, dass sie sich haarscharf in einem Punkt treffen, darin war ich Spitze. Das machte mir niemand in der Klasse nach. Und der Treffpunkt der zwei von A und B aufeinander losfahrenden Züge, zu verschiedenen Abfahrtszeiten, mit verschiedenen Geschwindigkeiten, der war auch mein Spezialgebiet. Mein ganzer Ehrgeiz und meine ganzen Anstrengungen beim Lernen galten ausschließlich der Mathematik. Mathematik war: denken. Sehr gut in Mathematik sein, war: ein gescheiter Mensch sein. In Mathematik nichts können, war: ein Depp sein. Das hatte mir niemand eingeredet, das hatte ich mir selber zusammengedacht, der Familiensituation entsprechend. Meine Großmutter hatte Mühe, beim Zusammenzählen den Zehnersprung zu schaffen. Meine Mutter hatte sich schon schwer getan, meine Volksschul-Schlussrechnungen zu kontrollieren: von dem, was ich jetzt rechnen musste, verstand sie überhaupt nichts. Und meine Schwester, trotz Vorzugszeugnis, hatte ihre Mühen und Qualen mit der Mathematik. Aber mein Großvater und mein Vater, die lösten Mathematik-Beispiele, bei denen meine Schwester nicht weiterkam, obwohl weder der Großvater noch mein Vater ins Gymnasium gegangen waren …

Großvater – Vater – Tochter – eine gerade Linie, wünschenswert und beglückend. Großmutter – Mutter – Tochter – eine solche, die man zumindest durch ›Rechnen-Können‹ verwischen musste.«

Mit diesem familiären Hintergrund – offenbar waren immer wieder alle Familienmitglieder in Freud und Leid des schulischen Daseins eingebunden worden – war der Schülerin Christine der erfolgreiche Abschluss des Gymnasiums sicher. »Nach der Matura studierte ich dann an der Akademie für angewandte Kunst«, erläutert Christine Nöstlinger in ihrer Rede anlässlich der Astrid-Lindgren-Gedächtnispreisverleihung 2003 ihre weitere Laufbahn. »Ich hatte nämlich das Pech gehabt, in ein Mädchen-Gymnasium zu gehen, in dem merkwürdigerweise keine einzige Schülerin wirklich gut zeichnen konnte. Ich konnte es halbwegs gut und hielt mich daher mangels Konkurrenz irrigerweise für ein großes Talent. Es dauerte zwei Semester, bis ich meine Mittelmäßigkeit eingesehen hatte. Dann dauerte es noch etliche Semester, bis ich aus dieser Einsicht die Konsequenzen zog und den Traum, eine tolle Grafikerin zu werden, endgültig aufgab, das Studium sein ließ und mir irgendeinen Büro-Job suchte.«

Glücklich war sie in diesem Job nicht. Obwohl sie ihn, »inklusive Steno-Diktat und hurtiges Schreibmaschinetippen«, recht ordentlich erledigte. Ausweg aus dieser öden Lebenslage in den späten Fünfzigerjahren: Heiraten, schnell hintereinander zwei Töchter in die Welt setzen und sich als Hausfrau und Mutter etablieren! »So sehe ich das zumindest rückblickend. Damals hätte ich diese Deutung strikt abgelehnt und behauptet: Weil ich schwanger wurde, ist mir der Weg zu einer beruflichen Karriere leider verbaut!«

Und so kochte und strickte sie, nähte hübsche Kinderkleidchen und »nicht minder hübsche Klamotten« für sich selbst, las ein bisschen Bloch, Marcuse und Adorno, »versuchte mich in unautoritärer Nachwuchsbetreuung, bewirtete viele Gäste – manchmal bis zum frühen Morgen – und diskutierte mit ihnen heiß, was zu tun sei, um meine Kindheitsideale Freiheit, Gerechtigkeit und Solidarität in unserer Gesellschaft zu verwirklichen. Das war kein übles Leben, aber sehr zufrieden war ich nicht mit meinem Los.

Ich erinnere mich zum Beispiel noch gut an den Schock, als der Beamte bei der Passverlängerung in meinem Reisepass das ›Studentin‹ dreimal durchstrich und in Schönschrift ›Hausfrau‹ darüber malte. Am liebsten hätte ich den Pass weggeworfen. Als Hausfrau wollte ich nicht durchs Leben gehen! Mehr, sagte ich mir, müsse in mir schon drinstecken und auch rauszuholen sein.«

Und wie kam sie dann als schriftstellernde Mutter mit ihrem Alltag zurecht? Hatte sie Hilfe? »Mein Mann hat nicht auf die Kinder aufgepasst«, erzählt sie uns, ohne dass darin ein Vorwurf zu erkennen wäre. »Meine Mutter war eine sehr große Unterstützung. Sie hat die Kinder übernommen, wenn ich irgendwo hingeflogen bin oder auf irgendeiner Tagung oder in Deutschland bei einem Verlag war. Sie hat jederzeit die Kinder zum Schlafen übernommen, wenn ich am Abend weggehen wollte. Ohne meine Mutter hätte ich das nicht geschafft.«

In Nöstlingers Büchern wird in erster Linie der Alltag eines Kindes in meist ungewöhnlichen Familien beschrieben, der durch die Fantasie der Kinder angereichert wird und oftmals alle Beteiligten in die skurrilsten Situationen bringt. Wie wichtig ist der Autorin dieser Geschichten die Familie? Ist sie ein so genannter »Familienmensch«?

Familie Nöstlinger (v.l.n.r.: Christine, Ehemann Ernst, die Enkel Nette und Nando, Schwiegersohn Patrick und Tochter Christiane)

Wenn ihre beiden Enkel Nette (elf) und Nando (acht) zu Besuch kommen, geht es rund, fast wie in ihren Büchern. Ihre Tochter Christiane lebt mit ihrem Mann Patrick in Belgien und ist Psychologin an einem Institut für Tropenmedizin, ihr Mann ist Universitätsprofessor für Organisationsforschung. Christine Nöstlinger beschreibt uns ihr Familienleben so: »Ich sehe meine Enkel gern. Im Sommer sind sie bei mir, wenn sie Ferien haben, da ja beide Eltern arbeiten, und zu Weihnachten sind sie da. Drei- oder viermal im Jahr fliege ich als Babysitter nach Antwerpen, wenn beide Eltern zufällig gerade jeder auf einem Kongress sind und keiner zur Verfügung steht. Aber das reicht mir. Ich gehöre nicht zu den Großmüttern, die es

Christine Nöstlinger mit Ihren Enkeln Nette und Nando

schwer bedauern, dass sie ihre Enkel nicht jeden Tag sehen.«

Die zweite Tochter Barbara ist Informatikerin und audiovisuelle Künstlerin. Beide Töchter haben, so wie auch einst die Mutter, Nöstlinger-Bücher illustriert. »Alle, die zur Familie gehören, habe ich gern, aber ich muss sie nicht unbedingt in meiner Nähe wissen. Solang es ihnen gut geht, bin ich sehr zufrieden, wenn sie ganz woanders sind und ihr Leben genießen. Freilich, zu Weihnachten kommt alles an. Ich würde es ja eher übergehen, das Weihnachtsfest, das sagt mir überhaupt nichts mehr, aber meine Belgier kommen auch nur zu Weihnachten aus Antwerpen weg. Sonst ist es ihnen irgendwie zu mühsam, in die Ferne zu fliegen, oder sie kriegen keine Flüge mehr. Aber die sind nicht so fixiert darauf, Weihnachten in Wien zu feiern. Wenn sie nach Kuba fliegen können, also wenn ich ihnen zu Weihnachten eine Kubareise schenke, dann fliegen sie schon lieber nach Kuba. Aber bevor meine Tochter und mein Schwiegersohn für fünf Tage einkaufen und selber kochen, fliegen sie lieber nach Wien und lassen sich von mir betreuen. Natürlich habe ich nichts dagegen, wenn sie kommen.«

Der Nöstlinger'sche Alltag ist heute geprägt von ruhigen Morgenstunden, arbeitsreichen Vor- und Nachmittagen und meist langen Abenden.

»Ich stehe um halb neun auf, manchmal ist mein Mann schon munter, dann hat er Frühstück gekocht, oder ich koche Frühstück, dann geht er einkaufen. Anschließend löse ich im ›Standard‹ das Sudoku, das hängt auch von der Zeit ab. Wenn dabei steht ›leicht‹, dann löse ich es nicht, das ist mir zu einfach, aber wenn es sehr schwierig ist, kann das schon eine Stunde dauern. Dann setze ich mich zu meiner Arbeit, mein Ehemann bereitet Mittagessen zu, immer irgendetwas Kaltes, dann schreibe ich wieder oder ich fahre einkaufen fürs Nachtmahl. Entweder gehe ich nach Hietzing [Anm.: 13. Wiener Gemeindebezirk] oder fahre zum Meinl am Graben. Meistens, wenn wir alleine sind, ist das nicht so viel, was man kocht.

Sehr oft kommen Gäste zu uns, dann stürze ich mich so ab fünf Uhr ins Kochen, das tu ich sehr gern, wobei ich nicht gern esse. Ich gehöre zu den ganz wenigen Menschen, die gern kochen, aber nicht gern essen. Ich könnte auch nicht sagen, was ich gern esse. Also am liebsten gar nicht oder ganz wenig.«

Das klingt sehr bescheiden, doch hört man von den zahlreichen Gästen der Nöstlingers durchaus andere Töne. Anlässlich ihres 65. Geburtstages schrieb Konrad Holzer, Ö1-Redakteur, zum Thema Literatur und Kulinarik unter dem Titel »Blunzendoppeldecker und Grüner Veltliner – Über

Christine Nöstlingers Interesse am Kulinarischen« (erschienen in 1000 und 1 Buch 3/01):

»Begonnen hat es in den späten Siebzigern am Morgen in Ö3 mit einer Verweigerung: Dschi Dschei Wischer Dschunior wollte nicht frühstücken, zu sehr warf der ›stressliche Schulalltag mit seiner Magensaft-Nervosität‹ die Schatten voraus. Später dann, in der Schulpause, da konnte er dann schon ›Gustigkeits- und Gnaschtigkeitsprobleme‹ diskutieren.

›Was is schon das eigene Jausenbrot gegen die elegante Emmentaler-Honig-Nuß-Komposition, an der der Sitznachbar mampft? Und kaum hast du gegen Draufgabe von zwei Radierern deinen Blunzendoppeldecker gegen die Köstlichkeit vom Nachbarn getauscht, was siehst? Was schnupperst? Ki-El Frohwisch schnabuliert ein Bärenschinkensandwitsch, was allemal das höchste ist. Und hast endlich einmal was im Plastiksackel, was deinem momentanen Gusterl entspricht – wie meine schöne Kohlrabi-Paradeiser-Kombination gesterntags, kommen alle Intimkollegen und verkosten sich eins – solang bist nix wie ein Paradeiserkörndl an der Mittelklaue picken hast.‹ Soweit Dschi Dschei Wischer Dschunior im O-Ton.

Und wer Ohren hatte zu hören, der konnte da schon die Vertrautheit, das Interesse am Kulinarischen bei Christine Nöstlinger heraushören.

Das hörte auch einer ihrer Verleger heraus. Hubert Hladej, der mit ihr die Liebe zum Kochen und zu den Kochbüchern teilt, der aber auch – wieder mit ihr gemeinsam – die Praxisferne von vielen Kochbüchern kritisiert, konnte sie dazu überreden, ein Kochbuch zu schreiben. ›Mit zwei linken Kochlöffeln‹ heißt diese ›Kleine Animation für Küchenmuffel‹.

Zehntausend Stück wurden in den ersten beiden Monaten verkauft und dass diese Animation nie auf einer Bestsellerliste erschienen ist, kann einem am Funktionieren derartiger Aufstellungen schon zweifeln lassen. Meinem Exemplar sieht man es an, dass es sehr oft in der Küche verwendet wird, andere wurden – wie Augenzeugen berichten – sogar zum ›Meinl am Graben‹ als Einkaufshilfe mitgenommen.

Der Erfolg bewog Autorin und Verleger ein zweites Buch herauszugeben, es sollte keine Fortsetzung werden, sondern einfach ein ›Kleines Köchelverzeichnis für Männer‹ und bekam den Titel ›Ein Hund kam in die Küche‹.

Heiter und einfühlsam, perfekt und spielerisch gelingt es Christine Nöstlinger mit diesen Büchern zu beweisen: ›...dass jeder Mensch, gleich welchen Geschlechtes, kochen kann, wenn er nur fähig ist, Wohlgeschmack von Gaumengraus eindeutig auseinanderhalten zu können.‹

Es ist ihr ein Anliegen, den ›Geheimkult‹ der Hausfrauen zu entmystifizieren, sie will das, was sie gerne isst, womit sie ihre Gäste verwöhnt, anderen zuteil werden lassen.

Sie ist also auch privat eine perfekte Köchin, überfordert sich nie, hat immer ein genaues Konzept und ein Gefühl für optimale Qualität der Zutaten.

Nun noch einige Details aus Christine Nöstlingers privatem kulinarischen Dasein: Ihr Lieblingslokal in Wien ist der Schnattl, ihr Lieblingskochbuchautor Eckart Witzigmann (Paul Bocuse hält sie für einen Filou), ihr Lieblingswein ist ein Grüner Veltliner aus dem Weinviertel, ein anderes Lieblingsgetränk ist der Winzersekt von Hermenegild Mang aus Weißenkirchen.«

Gaumenfreuden gilt es aber auch im Waldviertler Domizil der Schriftstellerin zu erleben. Christine Nöstlingers Alltag in Altmelon in der Nähe von Zwettl unterscheidet sich selbstverständlich grundsätzlich von jenem in Wien: »Wenn man im Waldviertel einkaufen will, muss man sich ins Auto setzen, und wenn man eine heikle Person ist wie ich, dann kann man nicht in Altmelon einkaufen, sondern muss 40 Kilometer nach Zwettl fahren, da gibt es wenigstens einen Spar, damit man einen ordentlichen Schinken kriegt. Man muss Kachelöfen einheizen, man muss im Winter

Schnee schaufeln. Das ist ein ganz ein anderer Tagesablauf.«

Anlässlich ihres 70. Geburtstags wurde die Autorin von Siegfried Weger besucht, der seine Eindrücke über das Waldviertler Domizil unter dem Titel »Friederike, Franz und Freunde« (»Welt der Frau«, Oktober 2006) folgendermaßen schildert: »Auf engen Straßen durch kleine Dörfer, an Mooren vorbei, vorbei an Feldern und Äckern. Die Straßen zerfransen zu Güterwegen, die sich durch Wälder schlängeln. Von den schweren Fichtenzweigen tropft der Regen, zwischen dem Moos leuchten Fliegenpilze – feuerrot. Die kugeligen Granitblöcke, die wie Gurkenkönige in den Lichtungen hocken, glänzen nass, wie frisch

Das Haus in Altmelon im niederösterreichischen Waldviertel

dem Essigwasser entstiegen … Nein, ich befinde mich nicht in Schweden auf den Spuren von Astrid Lindgren. Ich fahre bei üblichem Sommertief durch die zauberhafte Landschaft des Waldviertels auf der Suche nach Christine Nöstlinger. Sie lebt in Wien, hat aber auch ein Häuschen in Dietrichsbach unweit von Altmelon.

Ich werde freundlich empfangen. Die Schuhe soll ich anbehalten, meint Frau Nöstlinger. Warum sollte man auch bei einer Frau, die immer gegen gouvernantenhaften Ordnungswahn und hausfrauliche Putzsucht zu Felde zog, in Patschen durch die Wohnung schlurfen?«

Doch zurück zur Wiener Wohnung, wo wir ebenso in Straßenschuhen bleiben dürfen. Wer putzt eigentlich?

»Ich habe zweimal in der Woche eine Putzfrau. Besser gesagt ein Putzfräulein. Und ich würde nicht sagen, dass sie gut putzt, aber sie ist sehr nett. Ich HASSE staubsaugen, ich habe nur ganz selten in meinem Leben einen Staubsauger betätigt, das sind mir völlig widerliche Apparate und ich mag nichts, also ich mag GAR NICHTS am Putzen! Ich kenne ein paar, die ganz stolz sind, wenn es dann blitzt und sauber ist und die sich dann auf ein Sofa legen und drei Meter weiter irgend so ein Staubwuwa sehen und aufspringen und dann die ganze Wohnung saugen. Die

Das Wohnzimmer in der Wiener Wohnung

gibt es auch, ja wirklich.« Aber dazu zählt sich die Nöstlinger eindeutig nicht.

Gemütliche Abende bei den Nöstlingers mit ihren Freunden, die gern bekocht werden, wie wir erfahren haben, werden wohl auch mit spannenden Diskussionen angereichert sein. Auf die Frage, ob Christine Nöstlinger ihrer Meinung nach genug Zeit für ihre Freunde hat, antwortet sie: »Was ist ausreichend Zeit? Ohne Freunde möchte ich kein Leben haben. Ich habe schon etliche Freunde, und ich treffe sie sehr regelmäßig. Das hängt natürlich auch wieder davon ab, ob ich in Wien bin oder im Waldviertel. Es hat ja fast jeder einen Zweitwohnsitz, und dann wird das Besuchen oder das Treffen irgendwie schwierig. Denn eine Fahrt vom Waldviertel ins Burgenland, wo Freunde von uns ihr Feriendomizil haben, benötigt dann vier Stunden. Früher war das so, dass weniger Menschen Zweitwohnsitze hatten, da hat man oft geseufzt unter der Last der Besucher. Denn wenn dann acht Personen zum Wochenende auf Besuch kamen, dann war es irgendwie auch mit der Bettenverteilung kompliziert. In Wien treffe ich viele Freunde.«

Wenn die Abende nicht mit Besuchen oder Besucht-Werden ausgebucht sind, so wird meist ein später Film im Fernsehen angesehen. Eine begeisterte Fernsehzuschauerin ist sie allerdings nicht. Lieber hört sie Radio, da vor allem Ö1, das sie nur dann abstellt, wenn Opernarien gesungen werden: »Die halte ich nicht aus!«

Theater und Kino müssen oftmals auf die Anwesenheit der Nöstlinger verzichten. »Ich denke, mehr als fünf-, sechsmal im Jahr gehe ich nicht ins Theater. Was ja in Wien auch furchtbar schwierig ist wegen der Karten. Ich bin ein spontaner Mensch und plane nie drei Monate im Voraus, dass ich für irgendetwas eine Karte haben will. Und wenn ich dann vier Wochen vorher eine Karte bestellen möchte, ist oft schon alles weg.«

Wenn nicht in Wien, wo würde sie sonst leben wollen? Sie war schon oft in Lucca und hat sich immer gedacht, »da würde ich gerne wohnen«, erzählt Christine Nöstlinger. »Während ich mir das bei anderen Städten, die mir gefallen, eigentlich nicht so speziell gedacht habe. Lucca ist in der Nähe von Pisa in der Toskana.« Aber aufs Land würde sie nicht ziehen wollen. Wenn sie sich entscheiden müsste, nur an einem Ort zu wohnen, dann würde sie sich Wien aussuchen. »Außerdem: Sehr alte Menschen können am Land nicht leben. Allein in einem Haus, wenn du schon alt und gebrechlich bist, das geht nicht. Ich sehe es an vielen Wienern, die draußen Häuser hatten. Das ist ja alles in der Einschicht, da gibt es keine dörfliche Struktur mehr, es gibt kein öffentliches Verkehrsmittel, du musst alles mit dem Auto erledigen. In dem Moment, wo du nicht mehr Auto fahren kannst – und ich glaube eigentlich, dass der Mensch, wenn er schlecht sieht, wenn sein

Reaktionsvermögen sehr langsam wird, dann soll er es eigentlich aufgeben –, kannst du dort nicht mehr wohnen. Ich will nicht zu denen gehören, die mit 80 – falls ich 80 werde – halb blind sind und immer noch glauben, dass sie Auto fahren können.«

Kürzlich seien ihr Mann und sie im Waldviertel »auf den kleinen Straßerln gefahren, und auf einmal denken wir, welcher Trottel fahrt denn da vor uns? Warum mitten auf der Straße mit einem Zwanz'ger? Wenn du ihn dann endlich überholen kannst, siehst du ja, was da drin sitzt: eine Mumie! Knöcherne Hände, Hut am Kopf! Mein Mann und ich haben gelacht, dabei hätte der uns fast in den Tod getrieben. So ein alter Bankdirektor mit 85 oder 86, fahrt da mit einem dicken Rover mit einem Zwanz'ger in der Mitte von der Straße, und sooft du ihn überholen willst, wacht er anscheinend auf!

Und bist du auf gleicher Höhe, steigt er aufs Gas, und du musst wieder nach hinten. Irgendwann denkst du dir, na, jetzt muss ich aber doch irgendwie vor, weil er schon wieder einschläft, und dann wären wir fast in einen anderen reingefahren. Als wir dann in Zwettl sein Auto sehen, hat er hinten so eine große Plakette: 60 Jahre unfallfreies Fahren, vom ARBÖ [Anm.: österreichischer Autofahrerklub] gestiftet! Da haben wir gesagt:

Ja, er schon, aber alle anderen nicht«, erzählt sie uns lachend.

Also wird wohl nichts aus dem Alterssitz in der Landidylle. Ist sie denn am liebsten in Wien?

Ja, umgezogen sei sie schon oft, allerdings nur innerhalb von Wien. Aus der elterlichen Wohnung in der Geblergasse in Hernals zog sie zunächst zu ihrem ersten Mann auf die Schönbrunner Straße. Nach der Scheidung wohnte sie kurzfristig wieder bei der Mutter. »Dann bin ich mit meinem jetzigen Mann in die Stadt gezogen, in die Kurrentgasse. Das war eine Dachwohnung im sechsten Stock mit einer Wendeltreppe. Dann sind wir nach Ottakring gezogen. Von Ottakring sind wir hierher gezogen, von hier her sind wir dann weggezogen in die Josefstädter Straße. Von der Josefstädterstraße sind wir dann ums Eck gezogen, in ein Penthouse in der Piaristengasse.

Unsere zwei Wohnungen hier haben wir unseren Töchtern überlassen. Die haben dann einige Zeit darin gewohnt. Eine Tochter ist dann weggezogen, die ist damals nach Amerika gegangen, das ist die, die jetzt in Belgien lebt. Und die andere hat erklärt, sie will in dieser Gegend nicht mehr leben, das ist der Arsch der Welt, da ist nichts los, und ist auch weggezogen. Da war dann dieser ganze Stock frei, und das Penthouse in der Piaristengasse war wirklich scheißteuer, 3000 Euro im Monat.«

Ein stolzer Preis, aber es war auch eine sehr große Wohnung. »Ich habe mir gedacht, einmal möchte ich so was haben. Als wir gesagt haben, wir ziehen aus, hätte man uns das dann auch billiger gegeben. Aber das Problem war, dass man uns keinen unbefristeten Mietvertrag geben wollte, was ich auch einsehe. Der Inhaber der Wohnung, der nebenan gewohnt hat, ist Architekt, der hat das Penthouse für seine Kinder aufheben wollen. So auf Abruf wo leben, das ist auch nicht so angenehm, darum sind wir dann wieder hierher zurück und haben aus zwei Wohnungen eine gemacht.«

Nach Zukunftsplänen befragt, bekommen wir die Antwort, dass man mit 70 keine längeren Planungen mehr macht. Eine Kubareise wäre noch vorgesehen, die hätte sie auch schon gebucht gehabt, musste sie aber wegen einer Magen-Darm-Erkrankung absagen.

Krankheiten sind zwar kein Thema, aber »Ihr müsst bedenken, vor fünf Jahren habe ich mich einer langen Chemotherapie und einer Operation gegen Krebs unterzogen. Wenn du das einmal hinter dir hast, dann freust du dich über jedes Jährchen, das du noch lebst, hast aber natürlich schon gleichzeitig Ängste. Ich meine, man müsste ein Volltrottel sein, wenn man glaubt, das ist jetzt ein für allemal weg. Da machst keine langen

Pläne, da findest du einfach nur, es ist schön, wenn die Sonne scheint.«

Aber an Büchern schreibt sie weiterhin. Eine »Franz«-Geschichte stünde wieder an, und »dann stecke ich in der Hälfte von einem Buch, das heißt ›Lumpen Lauretta‹. Klingt nett, oder?«.

Die Schreibwerkstatt

Seit über 30 Jahren schreibt Christine Nöstlinger. Mehr als 120 Bücher sind inzwischen erschienen. Fest steht also, dass sie recht schnell geschrieben haben muss, um neben zwei Kindern und ihren sonstigen Tätigkeiten als Kolumnistin, Hörspielredakteurin, Drehbuchautorin und vieles mehr diese beachtliche Anzahl von längeren und kürzeren Romanen publizieren zu können.

Drei Jahrzehnte, das ist nicht nur eine lange Zeitspanne, in der sich der einzelne Mensch verändert, sondern auch ein Zeitraum, in dem sich die Informationstechnologie rasant weiterentwickelt hat. Wie hat Christine Nöstlinger geschrieben, wie schreibt sie heute? »Na, auf einem Rechner schreibe ich natürlich. Schon lang. Ich glaube, mein erster – der berühmte Apple Würfel – steht noch irgendwo am Dachboden, weil meine Tochter sagt, einen Apple Würfel darf man nicht wegwerfen. Das ist ein Museumsstück. Ich glaube, das ist schon 20 Jahre her, dass ich auf dem begonnen habe. Wenn ich rückblickend meine Schreibgeräte so überdenke, dann war das erste eine erbsengrüne Olivetti, die war noch manuell. Dann kamen halt die elektrischen, dann die IBM Kugelkopf, die habe ich sehr geliebt, die war knallrot und wunderschön, und nach der IBM kamen dann schon die Rechner.

Meine belgischen Enkelkinder, zum Beispiel, die können nicht hundertprozentig Deutsch, die sagen nicht Schreibmaschine, sondern Tippmaschine. Sie sind fasziniert von Tippmaschinen. In Wien haben wir jetzt, glaube ich, gar keine mehr, aber im Waldviertel haben wir noch welche. Als die Nette ungefähr vier Jahre alt war, hat sie zum ersten Mal auf der Tippmaschine etwas probiert. Als dann ihr Papa angerufen hat, hat sie am Telefon zu ihm gesagt: ›Die Oma und der Opa haben was ganz was Tolles, einen Computer mit eingebautem Drucker!‹«

Und wie kam sie zum Schreiben? »Die Kinderbücher meiner Töchter brachten mich auf die Idee, dass mein Mal- und Zeichentalent eigentlich für Kinderbuch-Illustrationen reichen sollte. Aber einfach Kontakt zu einem Verlag aufnehmen und um Illustrationsaufträge fragen, dazu war ich damals viel zu schüchtern. Es wäre wahrscheinlich auch nicht sehr erfolgreich gewesen. So beschloss ich, wie das Anfänger ja gerne tun, ein ›fertiges Produkt‹ an einen Verlag zu schicken. Und um ein solches zu fabrizieren, musste ich mir wohl oder übel eine Geschichte ausdenken und sie dann aufschreiben«, erzählt sie bei ihrer Rede anlässlich der Verleihung des Astrid-Lindgren-Gedächtnispreises. »Ich bastelte fast zwei Jahre an dieser Geschichte herum. Weil ich jeden Satz hinterfragte, unzählige Male verwarf und neu formulierte. Ich tat ja etwas, wozu ich meiner Meinung nach kein Talent hatte, und die einzige diesbezügliche Fähigkeit, die ich mir zutraute, war strenge selbstkritische Beurteilung meines Textes.«

Schließlich schickte sie das komplette Werk an den einzigen Kinderbuchverlag, dessen Adresse

Christine Nöstlinger am Beginn ihrer Karriere, 1973

sie kannte. »Hätte es mir der Verlag mit höflichem Bedauern retour geschickt, hätte ich garantiert keinen weiteren Verlag damit belästigt, sondern mir bloß traurig gedacht: ›Na, eh klar, das kannst du also auch nicht!‹«

Aber der Verlag war willig. Und kaum war »Die feuerrote Friederike« erschienen, bekam das Buch in Deutschland einen hoch angesehenen Preis. Allerdings nicht für die Illustrationen der Autorin, sondern für den Text, den sie geschrieben hatte. »Das irritierte mich ein wenig. Lob für meine Bilder wäre mir lieber gewesen. Aber im Grunde war mir frustrierter Hausfrau jeder Erfolg recht.«

Wie soll man sich das Entstehen einer Geschichte vorstellen? Ist die komplette Handlung bereits im Kopf? »Ich habe eine Handlung im Kopf, aber in der Praxis ergibt es sich, dass die dann nicht hält. Man erfindet während des Schreibens Dinge dazu, ändert um, und plötzlich kann man unter Umständen feststellen, dass die Menschen, so wie man sie im Detail ausgearbeitet hat, das nicht tun würden, was man für sie geplant hat. Die Person verselbstständigt sich mehr oder weniger. Plötzlich merkst du, hoppla, das geht nicht, die tut gar nicht das, was sie tun sollte, die ist irgendwie anders geworden, während man sie näher beschrieben hat. Das fällt einem beim Beschreiben irgendwie so ein. Oft ist es zum Beispiel so, wenn man witzig schreiben will, da fällt einem irgendein Spaß ein, irgendein sprachlicher Witz, und auf einmal kriegt das Ganze eine andere Wendung. Aber wenn man Bücher für sehr kleine Kinder schreibt, so wie den Franz oder die Mini, und der Charakter ist schon festgelegt, da hat man dann natürlich schon die ganze Geschichte im Kopf.

Außer man irrt sich. Es gibt ja auch Situationen, wo man plötzlich, nachdem man irgendetwas geschrieben hat, draufkommt, so kann es nicht sein. Man kommt dann auf einmal auf so ganz simple Sachen drauf. Ich vergleiche das immer mit einer Strickerei – wenn man irgendwann merkt, dass in der Mitte ein Fehler ist, dann muss man halt alles wieder auftrennen. Das mache ich zwar nicht gerne, aber manchmal muss ich es tun.

Meistens ist es so, dass ich das Buch konkret ungefähr bis zur Hälfte plane, ich habe eine vage Vorstellung von drei Vierteln der Handlung, und das Ende ist in meinem Kopf meist noch offen. Das betrifft aber nicht so konkret vorgegebene Bücher wie die Mini- und die Franz-Bücher.«

Zu ihren Geschichten macht sich die Nöstlinger zuerst Notizen, und zwar in Hefte, die liniert sein müssen »mit Korrekturrand. Wenn ich einmal nur ein kariertes Papier zur Hand habe, liegt mir das irgendwie nicht so. Liniert mit Korrekturrand, in DIN A4 und am liebsten mit einem dunkelblauen

Einband. Solche Einbände gibt es heute nur mehr selten, mit einem Schild oben drauf mit einem rot-weiß-roten Rand. Auf das Schild schreibe ich dann immer Christine – 1B drauf. Fragen Sie mich nicht, warum ich das tu. Ich war ja einmal in der 1B, wahrscheinlich deshalb.« Auf solche Notizhefte wäre der Leiter des Österreichischen Literaturarchivs ganz scharf gewesen und hätte sie der Autorin sogar abgekauft. »Aber ich habe keinen Nachlass! In dem Moment, wo ein Buch erschienen ist, werfe ich alles weg. Es ist mir überhaupt kein Bedürfnis, Unterlagen aufzuheben, und ich bin nicht so eitel, dass ich einen Genuss daran fände, dass irgendwas von mir in einem Literaturarchiv liegt. Außerdem habe ich eine spezielle Art zu schreiben: Ich schreibe zuerst immer mit der Hand, aber was in diesen linierten Heften alles sonst noch drinnen steht, an Kochrezepten, an Manderln, an Telefonnummern, das braucht keiner sehen. Denn wenn ich nicht gut weiterkomme, dann schreib ich zum Beispiel viermal groß ›SCHEISSE‹ und mache sechs Rufzeichen dahinter, das geht wirklich niemanden etwas an. Ich entsorge das gleich alles. Es ist weniger ein Platzproblem, es ist einfach so, dass ich froh bin, wenn es weg ist.«

Sobald sie das Gefühl hat, die Notizen wären nun ausreichend, setzt sie sich an den Computer und beginnt zu schreiben. Wir fragen, ob ihr Mann oder ihre Töchter an der Entstehung einer Geschichte in irgendeiner Weise beteiligt wären, ihr Mann hätte doch auch zwei Jugendbücher geschrieben. Nein, das wäre nicht der Fall. »Ich würde doch meine Familie mit so was nicht belästigen. Früher wurde ich auch immer wieder gefragt – als meine Töchter noch im jugendlichen Alter waren –, ob sie meine Manuskripte lesen. Das ist doch eine Zumutung für Kinder. Was sollten sie denn sagen? Sie sehen, dass sich die Mama plagt, und eigentlich ist die Mama ja eine liebe Mama – sollen sie dann sagen ›Der Schmarrn interessiert mich aber wirklich nicht?‹«

Ursprünglich wäre sie der Meinung gewesen, ihre Töchter hätten kein einziges ihrer Bücher gelesen. »Aber irgendwann bin ich dann draufgekommen, sie haben doch anscheinend alle gelesen. Nein, sie haben sie nicht heimlich gelesen, aber wir haben eigentlich nie darüber gesprochen. Nur einmal haben sie sich aufgeregt, das heißt meine große Tochter nicht, der habe ich das auch nicht angetan. Aber meiner jüngeren Tochter habe ich einmal was Furchtbares angetan. Da habe ich ein Buch geschrieben, das heißt ›Stundenplan‹. Und wenn man eine Tochter hat, die gerade ins Gymnasium geht und es gibt gewisse Lehrer und gewisse Konflikte, mit denen man dauernd belästigt wird, da sind diese Dinge halt irgendwie auch vorgekommen in dem Buch. Das war natürlich nicht Absicht. Das ist halt so passiert. Da erkannten alle Kinder in der Schule, dass das ihre Schule ist, das Gymnasium in der Maroltingergasse. Das war aber nicht das Arge, sondern der Hauptfigur, die wirklich mit meiner Tochter überhaupt keine Ähnlichkeit hatte, gab ich ein Merkmal meiner Tochter, nämlich relativ große abstehende Ohren, die aus den Locken hervorkamen, wenn die Haare nach dem Turnen verschwitzt waren. Und der Knabe, der neben ihr saß, hat ihr dann immer mit dem Finger so gegen das Ohrwaschel geschnipst, und sie hat eine furchtbare Wut gekriegt und ihn geschlagen, weil er viel kleiner und dünner war als sie. Dieses Detail gab ich also dieser Hauptfigur, worauf alle Kinder in ihrer Schule, die das lasen, sie völlig mit der Hauptfigur identifiziert haben und dann zum Beispiel flüsternd gekommen sind und gesagt haben: ›Was, ich hab ja gar nicht g'wusst, du hast an Freind, und der geht a in die Fünfte!‹«, erzählt sie lachend. »Aber das ist mir wirklich nur einmal passiert.«

Wie lange sie an einem Text arbeite, sei natürlich völlig verschieden. Das liege zum Teil an der Geschichte, zum Teil an der eigenen psychischen Verfassung. »Ich schreibe nie einen Text so, dass ich ihn einmal schreibe und mit ihm zufrieden bin. Früher, als ich noch auf der Schreibmaschine geschrieben habe, da habe ich bestimmt einen halben Kubikmeter Papier verbraucht. Heutzutage auf dem Rechner nimmt man diesen Vorgang nicht so sehr wahr, weil man das Misslungene in den virtuellen Papierkorb wirft.«

Gibt es bestimmte Plätze, an denen sie am liebsten schreibt?

»Nein, eigentlich nicht. Wenn ich im Waldviertel bin, sind alle anderen Möblagen so unbequem, dass ich nur in meinem Zimmer am Schreibtisch schreibe. Der Bauerntisch ist so hoch, dass ich nur Kreuzweh kriege, und dass ich den Rechner auf einem Sofa sitzend auf den Knien habe, nein, das mache ich nicht. In Wien schreibe ich auch im Zimmer an meinem Schreibtisch, ab und zu könnte es einmal sein, dass ich zufällig dort an dem großen Esstisch sitze.

Ein Vierteljahrhundert lang war ich ja eine Art Workaholic, da hatte ich meist sogar drei Schreibtische, an denen ich gleichzeitig gearbeitet habe. Auf einem lagen dann die Kolumnen für den ›Kurier‹, ein Buch auf dem nächsten und ein zweites Buch auf dem dritten Schreibtisch. Aber das mache ich heute schon lange nicht mehr.«

Und zu welcher Tageszeit schreibt die Nöstlinger am liebsten? »Eigentlich gehöre ich zu den

Esstisch in der Wiener Wohnung

Menschen, die von sich behaupten, sie seien Nachtmenschen, aber in jahrelanger Arbeit für Zeitungen, Fernseh- und Rundfunkanstalten, wo man natürlich viel mehr auf einen Termin hinarbeiten muss, habe ich einsehen müssen, dass man am Vormittag oder am Morgen mehr und alles schneller erledigt. So leid es mir tut, weil ich arbeite lieber am Abend, aber wenn man wirklich schnell und exakt sein muss, ist man am Morgen schon ausgeruhter und es geht schneller. Früher hatte ich Zeiten, genau genommen war es jahrzehntelang so, da bin ich sicher sehr oft auf zehn Arbeitsstunden gekommen. Aber jetzt mache ich das nicht mehr. Ich habe gelernt, Nein zu sagen und abzulehnen.«

Und der Grund dafür, dass sie immer so viel geschrieben habe, sei eigentlich, dass sie eine merkwürdige Art hat zu arbeiten: Sie erledigt immer die unnötigen Dinge zuerst. »Da sind etliche Dinge darunter, die ich gern habe, und daher mache ich die zuerst. Und dann müssen halt die nötigen auch noch erledigt werden, und daher kommt man dann auf diese relativ üppige Arbeitszeit. Aber im Laufe der Jahrzehnte habe ich gelernt, die Dinge, die ich eigentlich nicht gern tue, auszusortieren und nicht zu machen, was natürlich auch damit zu tun hat, wie viel man verdient und wie sicher man sich fühlt. Als Schriftsteller kannst du dir ja nie sicher sein über dein Einkommen. Wenn man erst beginnt und am Anfang einer Karriere steht, dann wagt man halt sehr oft nicht, etwas abzulehnen. Eine schwierige Sache ist das beispielsweise bei Fernsehfilmen. Es steht ja nicht immer in der eigenen Verantwortung, ob aus dem Filmprojekt was wird oder nicht. Wenn man da sagen würde, nein, ich kann jetzt kein zweites Projekt angehen, weil ich schon eines zugesagt habe, dann würde man unter Umständen ganz ohne Filmprojekt dastehen, wenn das aus irgendwelchen Gründen, die mit dem Autor überhaupt nichts zu tun haben, abgesagt wird. Vielleicht war doch nicht genug Geld da, das ZDF hat nicht mitproduziert oder es ist sonst irgendetwas. Da gewöhnt man sich halt dann mit der Zeit an, zu vier Projekten Ja zu sagen, weil man aus Erfahrung weiß, aus dreien wird eh nichts. Wenn aber dann aus dreien was wird und nur aus einem nichts, dann wird es halt mit der Arbeit ein bissel dramatisch. Meistens ist es aber sehr unterschiedlich, wie viel ich pro Tag schreibe, denn das Schreiben geht ja nicht einfach so auf Kommando.«

Vor dem Schreiben kam aber das Lesen. Nöstlingers Lesebiografie ist stark mit ihrem »halben Lieblingsbuch« verknüpft. In ihrer frühen Kind-

1988

heit gab es nur linientreue Kinderbücher, die sie sich, wie sie zugibt, manchmal schon gewünscht hätte, weil alle anderen sie auch hatten. Doch wegen der antifaschistischen Einstellung in ihrer Familie durfte sie diese Bücher weder besitzen noch lesen. So blieben ihr nur die Bücher in der Bibliothek des Großvaters, besonders die Lexika mit den farbigen Bildern und dem »Spinnenpapier«, das als Schutz zwischen die Abbildungen und die anderen Seiten gelegt wurde. Manchmal, wenn sie sich über den Großvater geärgert hatte, nahm sie eines von diesen Papieren heraus und steckte es an eine ganz andere Stelle. Noch heute kann sie sich an das leidende Gesicht des Großvaters erinnern, wenn er vorsichtig versuchte, die Seite mit den farbigen Illustrationen von der nächsten zu lösen, weil das schützende Spinnenpapier fehlte.

Mit acht Jahren hat sie in der benachbarten Papierhandlung im Antiquariat ein Buch für 2,50 Schilling erstanden, das deshalb so billig war, weil von den 600 Seiten etwa 200 fehlten. Dieses Buch, »Das Tagebuch der Gräfin Bileschowska«, beschäftigte sie gute zwei Jahre ihrer Kindheit. Erstens war es in Frakturschrift geschrieben, die sie nicht ganz so gut lesen konnte, zweitens verbrachte sie Stunden damit, sich zu überlegen, was mit der Gräfin passiert sein könnte, die vor den fehlenden Seiten in einem Kloster in die Gewalt brutaler Mönche geraten und gute 200 fehlende Seiten später die Geliebte eines Pariser Grafen geworden war.

Bei jeder Gelegenheit dachte sich die junge Christine Nöstlinger nun Szenen und Situationen aus, in die die Gräfin geraten sein könnte.

Das Fesselnde an diesem Buch war also weniger das, was darin stand, als vielmehr das, was nicht darin stand, weil es nämlich einfach fehlte. »Und weil die Ausdenk-Stunden ebenso genüsslich waren wie die Lese-Stunden im vorhandenen Text, gehörten von da an für mich Lesen und Ausdenken innig zusammen, und als es wieder Bücher für Kinder zu kaufen gab, blieb ich bei dieser vermischten Methode. Wirklich abgelegt habe ich diesen Umgang mit Büchern nie. Aber jetzt kann ich gut auseinanderhalten, was der Autor geschrieben hat und was ich ›ergänzt‹ habe.« Heute hat sie kein Lieblingsbuch, weil es da einfach viel zu viele gibt, aber das prägende Lieblingsbuch ihrer Kindheit, die halbe »Gräfin Bileschowska«, ist ihr dennoch lebhaft in Erinnerung.

Ihre Lust am Fantasieren und Geschichten Erfinden, habe sie nicht nur aus dem »Studium« des lückenhaften Exemplars der »Gräfin Bileschowska« gewonnen, sondern ihrer Meinung nach sei die ganz spezielle Atmosphäre in ihrem

Elternhaus und in ihrer Umgebung die Ursache dafür, dass Geschichtenerzählen geradezu zur Herausforderung wurde. »Ich komme aus einer Familie, wo jeder Geschichten erzählt hat. Angeblich Geschichten, die wirklich passiert sind, aber sie waren alle erstunken und erlogen. [...] Lügen durfte man bei uns daheim, sei's aus Lust oder Not.«

An das Bücherschreiben sei sie völlig zwanglos herangegangen. Sie habe sich vorher nicht überlegt, was man schreiben darf und was nicht. Erst später erfuhr sie, dass sie zum Beispiel in einem Kinderbuch nicht »Trottel« hätte schreiben dürfen.

Finanziell hatte sie keine wirklichen Probleme, sie musste nicht schreiben, um Geld zu verdienen, die vier Nöstlingers konnten bequem von den Einkünften des Familienvaters leben. Man bezahlte sogar eine Haushaltshilfe, während Ernst und Christine Nöstlinger ihrer schreibenden Tätigkeit nachgingen. Dennoch kam es vor, dass sie ihre Manuskripte manchmal mit Gulaschflecken abgegeben hat, da die Schreibmaschine praktischerweise gleich auf dem Küchentisch stand.

Nein, man solle sie nicht fragen, wenn es um Erziehungsthemen geht, sie sei keine Pädagogin. Auch solle man sie nicht fragen, warum die Fantasy-Literatur so boomt, denn sie wisse es nicht. Sie selbst ist keine Fantasy-Anhängerin.

»Das Buch ›Der Herr der Ringe‹ habe ich zerlesen, weil ich immer dabei eingeschlafen bin und es mir aus der Hand gefallen ist.«

Obwohl sie keine Meinung dazu hat, hat sie doch eine. Sie sieht Fantasy als eine Art Fluchtliteratur vor den Problemen unserer Welt. »Wenn einer Schulprobleme hat, liest er gern ein Buch, in dem es keine Schulversager gibt, sondern Zauberer.« Hingegen hätte die Fantasy, die sie bemühe, etwas mit dieser Welt zu tun.

Als sie begann, ihre Bücher zu schreiben, waren die vorhandenen Kinderbücher sehr antiquiert und in ihrem gesamten Erziehungsbild noch streng dem früheren erzieherischen Ideal verpflichtet. »Die Entwicklung der Erziehung war im Umbruch, die emanzipatorische Kinderliteratur entstand.« Heute sei es für Autoren ungleich schwerer, bekannt zu werden.

Den Vorwurf, dass sie sich angeblich zu wenig mit Kindern und Jugendlichen beschäftige beziehungsweise zu wenig Kontakt zu ihnen suche, kann sie nicht ganz verstehen. »Aber es kommt doch auch kein Mensch auf die Idee, dass ein Autor von so genannten Erwachsenenbüchern viel Kontakt mit Erwachsenen haben muss. Warum soll also ich mit Kindern reden?«

Und wie hält man sich dann als Erwachsener fit bezüglich der Aktualität in der Kinder- und

Jugendkultur? »Ein bissel was muss man schon wissen. Zum Beispiel bin ich seit 40 Jahren immer wieder im Waldviertel, kenne dort auch jede Menge Kinder und habe sie auch groß werden sehen, aber ich würde mir nie zutrauen, ein Buch über Waldviertler Kinder zu schreiben, das ist eine Kindheit, die mir trotzdem noch völlig fremd ist.« Sie gibt aber zu, dass sie sich ein bisschen schwertut mit der heutigen Jugend, in die sie sich nicht so gut hineinversetzen kann, vor allem, was Musik- oder Literaturgeschmack angeht.

Dennoch sind Christine Nöstlingers Themen und Sprache unverwechselbar und für ihr Publikum ansprechend – was nicht zuletzt daran liegt, dass sie nur über Dinge schreibt, die sie kennt. Sie macht auch kein großes Geheimnis aus ihrem »Erfolgsrezept«. Die Komponenten sind »gewisse Vermutungen darüber, was Kinder gerne lesen wollen, und gewisse Vermutungen, was Kinder lesen sollten«. Hinzu kommen das dringende Bedürfnis, »mir gewisse Dinge von der Seele und aus dem Hirn zu schreiben«, und die feste Überzeugung, dass Kinder gerne lachen. Ja, und die Lust am schwarzen Humor, »am Coolen, am Spiel mit Worten«. Da hat sie die jungen Leser immer auf ihrer Seite, die Erwachsenen haben meist etwas zu bekritteln.

Geht man von den Verkaufszahlen ihrer Bücher aus, so könnte man meinen, dass es mehr junge als ältere Leser gebe. Deshalb kann die Nöstlinger die Aufregung um die Ergebnisse der PISA-Studie bezüglich der schlechten Lesekompetenz der Kinder nicht verstehen. Denn eigentlich müsste hier in erster Linie von den Erwachsenen die Rede sein. Ein gravierendes Problem sieht sie in der abnehmenden Fähigkeit der Leser (egal ob Kind oder Erwachsener), Bilder im Kopf zu entwickeln. Eine mögliche Ursache dafür vermutet sie in der zunehmenden Bildhaftigkeit der Medien, die den Menschen keine Vorstellungskraft mehr abverlangen, sondern bequem das fertige Bild liefern. Den Ausweg aus diesem Dilemma sieht sie in einer gezielten Leserförderung, nicht in einer Leseförderung.

Als »Leserförderung« empfiehlt Christine Nöstlinger zum Beispiel schulische Alternativen zur Befreiung vom »Dauerglotzen«. Ihrer Ansicht nach sei es nicht ausreichend, Kinder zum Lesen von Büchern zu motivieren. Nur weil diese gelernt hätten, zu lesen und zu schreiben, würde das nicht bedeuten, dass sie auch kompetent genug seien, Bücher zu verstehen. Ein durchschnittlich intelligentes Kind ist ihrer Meinung nach relativ rasch in der Lage, sich die Grundfertigkeiten des Lesens und Schreibens anzueignen, das alleine reiche aber nicht. Immer häufiger bemerkt sie, dass Kinder, die ein Buch lesen, nicht fähig sind, nachher zu erzählen, was sie überhaupt gelesen haben. Für sie liegt der Grund in einer abnehmenden Fähigkeit junger Menschen, eigene Bilder im Kopf zu erfinden. »Nun, ich bin ja wirklich kein Experte und Auskenner auf diesem Gebiet, aber ich denke mir, da geht es um ein Manko an Vorstellungskraft. Zum korrekt gelesenen Wort entsteht im Kopf kein Bild. Und das Bild entsteht wahrscheinlich deshalb nicht, weil wir in einer Zeit leben, in der die Bilder die Wörter dominieren. Sich in der Freizeit jede Menge Bilder – vor allem bewegte – reinzuziehen, ist eine sehr bequeme Art der Unterhaltung, und je öfter und je länger man sich ihr hingibt, umso mehr verkümmert die Fähigkeit, einen Text im Kopf ›lebendig‹ zu machen.«

Es gibt für sie eine einfache und pragmatische Lösung für diese Situation: »Lesen Erwachsene, dann lesen ihre Kinder auch.« Es ist aus Christine Nöstlingers Sicht daher ein Fehler, dass sich die Studie nur mit der Lesekompetenz der Kinder beschäftige und die mangelnden Fähigkeiten der Erwachsenen außer Acht lasse. Es gibt nicht nur Kinder, die einen Text zwar lesen, aber nicht wirklich in eigenen Worten wiedergeben können, sondern »ich kenne Erwachsene, die können einem Brief nicht entnehmen, ob sie jetzt tausend Euro kriegen oder bezahlen müssen«.

Sie macht keine Vorschläge, wie man die Erwachsenen noch zum Lesen bewegen könnte, ist allerdings davon überzeugt, dass die Lesekompetenz der Kinder und Jugendlichen durch einfache, wenn auch politische Maßnahmen, wie durch die Schaffung von Ganztagsschulen beziehungsweise Gesamtschulen, drastisch verbessert werden könnte: »In Finnland oder Kanada gibt es Ganztagsschulen und solche, wo 6- bis 16-Jährige zusammen sind. Das ist der Erfolg. Hierzulande werden die Kinder mit zehn aussortiert, ob sie ans Gymnasium dürfen oder in die so genannten Restschulen gehen müssen. Das ist der Fehler.«

Aus ihren eigenen Erfahrungen und denen ihrer Tochter, die in Belgien lebt und deren Kinder dort ein gänzlich anderes Schulsystem vorfinden, kann sie das System der Gesamtschule daher nur empfehlen. Wichtig seien auch ein Gratiskindergarten, ein verpflichtendes Vorschuljahr und eine Ferienbetreuung. Nur so könne es gelingen, Kindern konstant ein Programm anzubieten, auf das sie auch gerne zugreifen würden. Sie hätten dann nicht nur weniger Möglichkeit, sondern auch weniger Lust, sich einfach nur vor den Fernseher zu setzen und wahllos jede Sendung anzuschauen.

Auch eine Integration von ausländischen Kindern würde so wesentlich erfolgreicher sein. Mit einer klaren Spitze an die österreichische Politik beschließt Christine Nöstlinger ihre Ausführungen zum Thema PISA-Depression: »Aber eine Änderung unseres Schulsystems zum Positiven könnte halt nur dann stattfinden, wenn die diesbezügliche ›Problemlösekompetenz‹ nicht mehr an Leute delegiert wäre, die trotz anders lautender Statements zutiefst davon überzeugt sind, dass es auch Aufgabe der Schule ist, ein gewisses und gar nicht geringes Quantum an Schülern tunlichst frühzeitig für ›die niedrigen Tätigkeiten, die ja auch jemand tun muss‹, auszusortieren.«

Aber nicht nur größere politische Umwälzungen im Schulsystem könnten zur Leserförderung beitragen, sondern schon die Änderung der Einstellung demgegenüber, was Kinder lesen dürfen und sollen. Man sollte viel toleranter gegenüber der Auswahl des Lesestoffes von Kindern sein. »Auch ›sauschlechte Bücher‹ bringen manchmal ›Leseglück‹. Lehrer und Eltern sollten sich nicht zu sehr auf das ›gute Buch‹ versteifen. Denn, wie gesagt, jeder Mensch, auch ein Kind, hat ein Recht auf Kitsch.« Weder Comics noch Kitsch hält sie grundsätzlich für gefährlich. Bei rechtsradikaler und menschenverachtender Literatur endet allerdings Christine Nöstlingers Verständnis.

Im Gespräch mit Michael Kerbler und Claus Philipp beschreibt Christine Nöstlinger den Wandel in ihrer Einstellung bezüglich der Frage, was Kinder- und Jugendliteratur bewirken kann. Es wird ihr ja oft angelastet, dass sie nach ihren ersten Büchern ihre eigenen Prinzipien bald über Bord geworfen habe.

Nöstlinger erklärt uns, dass sie 1968 beim Schreiben ihres ersten Kinderbuches »Die feuerrote Friederike« noch sehr im Geiste der 68er-Bewegung gefangen war. Auch sie hatte geglaubt und gehofft, dass ein Strukturwandel der Gesellschaft möglich sei. Daher kam ihr ursprünglich auch der Gedanke, für Kinder zu schreiben, da es ihr einfacher und plausibler erschien, einem Kind zu erklären, wie es mit der Welt, in der es lebt, umgehen solle, als einem schon vorgeformten und eventuell bereits in seiner Meinung festgefahrenen Erwachsenen.

In der Zwischenzeit hat sich aber ihr Glaube, sie könne die Gesellschaft verändern, ja, dass diese überhaupt durch Bücher veränderbar sei, verflüchtigt. Dennoch hat sie das Schreiben nicht aufgegeben. »Heute reicht es mir, Kindern auf halbwegs passablem Niveau Spaß zu machen, ihnen vielleicht beizubringen, was Sprache ist, und, wenn sie es unbedingt wollen, gewisse Zusammenhänge im menschlichen Leben zu zeigen.«

Diese Desillusioniertheit ihrerseits begründet sie mit dem allgemein erkennbaren Scheitern der in den siebziger Jahren so propagierten Gesellschaftsveränderung und mit ihrer ganz persönlichen Entwicklung. »Als ich zu schreiben begonnen habe, meinte man noch, die Kinder werden einmal, wenn sie erwachsen sind, ein viel besseres Leben haben, unter gerechteren Umständen – wie halt so Linke wie ich damals dachten.«

Dem Begriff »Erziehung« steht sie immer noch sehr ambivalent gegenüber. Dieses Wort erinnert sie immer an Spalierbäume, die in Form gezogen werden. Wichtiger ist für sie das Vorbild der Menschen, mit denen die Kinder zusammenleben. Natürlich haben sie auch das zunehmende Alter und die Lebenserfahrung toleranter werden lassen. So hat sie heute kein großes Problem damit, ihrem Enkel eine Spielzeugpistole zu kaufen, wenn er sie unbedingt haben will.

Prinzipiell bekrittelt sie die mangelnde Rezeption von Kinder- und Jugendliteratur im deutschen Sprachraum. Immer wieder werde auf den pädagogischen Wert Bezug genommen, die Kinder- und Jugendliteratur werde nicht an literarischen Maßstäben gemessen. »Und wann wird denn Kinderliteratur in Österreich überhaupt schon rezensiert? Zu Weihnachten eine Seite in den Qualitätszeitungen, zu Ostern eine halbe.«

Darüber hinaus gibt es ihrer Ansicht nach aber auch Schriftstellerkollegen, die diese schlechte Stellung der Kinder- und Jugendliteratur innerhalb des Literaturbetriebes noch fördern, indem sie reines Lesefutter produzieren, ohne auf die sprachliche Qualität zu achten.

Ist sie pessimistischer geworden oder einfach realistischer? Mit dem Verlust der gesellschaftlichen Utopien seien auch ihre Ansprüche an die Kinderliteratur »bescheidener geworden«. Sie hat Kindern früher viel mehr zugemutet: sich zu wehren, aufmüpfig zu sein, immer ihre Meinung zu sagen. Sie sei damals eben schnell auf den Zug der 68er-Bewegung aufgesprungen und habe deren Ideale hochgehalten, genauso schnell sei sie aber auch wieder abgesprungen. Heute halte sie es mit einem Satz von Kurt Tucholsky: »Mit zehn Fingern auf einer Schreibmaschine kann man die Welt nicht verändern.«

Und dennoch: Sich mit zehn Fingern in die Politik zu mischen, reizt sie noch immer, und sie erzählt uns: »Für Zeitungen habe ich immer sehr gerne geschrieben, weil ich mich immer auch gerne ins Gesellschaftspolitische einmische, nur ist mir die tägliche Arbeit einfach schon zu stressig geworden. Ich mag das einfach nicht mehr, jeden Tag einen Zeitungsartikel zu schreiben und ihn Punkt 13.30 Uhr senden zu müssen. Ich habe das

30 Jahre lang getan, fünf- oder sechsmal in der Woche, und das reicht mir.«

Aber auch andere Gründe führten dazu, dass Christine Nöstlinger ihre Arbeit als Kolumnistin für »täglich Alles« einstellte: »Ich hatte die dumme Vorstellung, dass man auch in einer so vertrottelten Boulevardzeitung den Leuten etwas Vernünftiges erklären kann. Aber wenn natürlich das Niveau so einer Zeitung immer mieser und mieser wird, dann sind auch die Leser nur mehr der Bodensatz dieser Nation. Und wenn man dann jede Woche einen riesigen Berg von Leserbriefen kriegt, wo einem ist, wie wenn man in Scheiße greift, merkt man dann einfach, dass diese Arbeit sinnlos ist.«

Neben ihrer Arbeit als regelmäßige Kolumnistin für »täglich Alles« und den »Kurier« wird und wurde Christine Nöstlinger seit Jahren in verschiedenen Printmedien zu den diversesten Bereichen interviewt bzw. meldet sie sich auch selbst immer wieder zu Wort.

Im Herbst 2004, als das Projekt »Austrokoffer« große Wellen innerhalb der österreichischen Kulturszene schlug, meldete sich auch Christine Nöstlinger mit einer klaren Ablehnung zu Wort.

Inzwischen ist der »Austrokoffer« unter dem Titel »Landvermessung« beim Residenz Verlag erschienen, und zwar bereits in der zweiten

Auflage. Der Hauptinitiator Günter Nenning starb im Mai 2006, und die Diskussion um die Entstehung dieses österreichischen Sammelwerks der Literatur, die jeden Tag aufs Erbittertste in den Medien geführt wurde, ist bereits in Vergessenheit geraten.

Da sie sich als unabhängige Person sieht, die sich keiner Gruppe und noch weniger einer speziellen Ideologie unterordnen möchte, da sie nicht der Meinung ist, dass sich Österreich durch ein gemeinsames Stück Kultur beweisen sollte, war sie auf keinen Fall damit einverstanden, dass sie als Schriftstellerin quasi ihrer eigenen Identität enthoben wurde und, ohne gefragt zu werden, einfach als »österreichische Autorin« vereinnahmt wurde. Prinzipiell habe sie ja nichts gegen den Koffer, sieht ihn als eine »Art Schulbuchaktion für erwachsene Bisher-nicht-Leser. [...] Wenn's hilft, warum net? Fünf Kilo Kultur unters förderungsbedürftige Volk zu bringen, dürfen einem doch so ein paar unwillige Literatur-Hansln und -Gretln nicht verpatzen!« Sie ist jenen Autoren und Autorinnen gegenüber tolerant, die sich freuen, auf diese Weise veröffentlicht zu werden, und bittet um Respekt jenen gegenüber, die sich nicht für dieses Projekt vereinnahmen lassen wollten. Als häufige Beiträgerin im »Standard« bittet sie diesen dezidiert darum, dass »das jüngst begonnene

Autoren-Hickhack auf der vorletzten Seite schnell wieder ein Ende finden möge«.

Dennoch sind die Gedanken und Begründungen, die Christine Nöstlinger dazu bewogen haben, diese »fünf Kilo Kultur« abzulehnen, hochaktuell: Als Mensch, der einen Teil seiner Kindheit im Nationalsozialismus verbracht hat, zu Hause gestärkt mit antifaschistischer Geisteshaltung, habe sie sich »eine dicke, porenfreie Haut wachsen lassen, durch die nichts von dem eindringen konnte, was an nationalen Parolen, die damals natürlich nationalsozialistische waren, auf sie abgefeuert wurde. Einem Kind einer antifaschistischen Familie in der Ostmark blieb gar nichts anderes übrig, als die Indoktrinierungen und Manipulationen der Machthaber nicht zur Kenntnis zu nehmen, wenn es daheim nicht gröbere Konflikte auszutragen gedachte«.

Es ist nur verständlich, dass ihr heute noch jegliche Gruppierungen, besonders solche, die besondere Solidaritätsbezeugungen erwarten, zutiefst suspekt sind. Auch auf Begriffe wie »gemeinsame Kultur« und »Wir Österreicher« reagiert sie naturgemäß »allergisch«. Nur zu sehr erinnern diese Sprüche an alte, leider noch immer nicht vergangene Zeiten. »Ich bin nun einmal nicht stolz auf Österreich. Nicht einmal, wenn ein Sportler eine Goldmedaille gewinnt. Ich schäme mich auch nicht für Österreich, wenn dessen Bürger die Freiheitlichen ans Regieren bringen. [...] Und wenn mich im Ausland wer fragt, woher ich komme, sage ich auch nie: ›I am from Austria.‹ Aus Wien komme ich, sage ich. Und das keineswegs absichtlich, es liegt mir einfach fern, mich als Österreicherin zu sehen.«

Originell und zudem besonders geistreich ist Nöstlingers Beitrag zum Gedenkjahr 2005, in dem besonders der österreichische Patriotismus angesprochen wurde.

Die Bundestheater Holding und Culture Industries Österreich planten und veranstalteten verschiedene Projekte zur feierlichen Begehung der 50-jährigen Wiederkehr des Abschlusses des Staatsvertrages. Zugleich waren auch 60 Jahre Kriegsende und 10 Jahre Mitgliedschaft in der EU zu feiern.

Mit gewohnt treffsicherem Zynismus schlägt sie ein Programm für die geplante Event-Initiative »25 Peaces« vor: Gleich im März etwa müssten große, beigegraue, bodennahe Mauerstaubwolken her. Solche, wie sie entstehen, wenn Zinshäuser reihenweise zusammenkrachen. Das müsste doch auch ohne Bomben zu erzeugen sein. Und jeder, der es 1945 nicht selbst genossen hat, würde das unvergessliche Erlebnis nachholen, bei jedem Atemzug pulverisierten Mörtel zu schlucken.

Neben dem lebensnahen Gefühl von Mauerstaubwolken von in sich zusammenkrachenden Zinshäusern bis zum munteren »Wir vergraben wertvolle Sachen im Garten, um sie vor den Russen in Sicherheit zu bringen« und zum »Chewing gum«-brüllenden Kinderchor hat sie einiges an Ideen parat. Für die Entsorgung von Hakenkreuzen schlägt sie eine nette Prozedur vor: »Führerbilder auf kleinste Fuzerln fetzen, Buchdeckel von ›Mein Kampf‹-Exemplaren abreißen, Parteibücher und Parteiabzeichen in Ofenrohren verstecken. Und ein verzweifelter Mensch irrt ratlos mit seiner bronzenen Hitler-Büste herum und weiß nicht, wo er das gute Stück verbergen soll.

Dann hätte ich noch einen kleinen russischen Tiefflieger mit Ledermützenmann anzubieten, der tannenwipfelgroß über ein kleines Mädchen fliegt und die Freundlichkeit hat, nicht auf es zu schießen; wodurch ich noch am Leben bin.«

Auch die Plünderungen könnte man gut in den Event einbinden, meint Nöstlinger. »Damit es nicht zu teuer wird, könnte eine Supermarktkette als Sponsor gewonnen werden. Die stellt das Lager und die abgelaufene Ware zur Verfügung. Dann muss bloß noch alles braun und blau verpackt werden, weil beim Plündern zu wissen, wonach man grapscht, nur der halbe Spaß ist.«

Christine Nöstlinger beendet diesen ebenso informativen wie provokanten und zynischen Beitrag mit den Worten: »Bei Bedarf könnte ich weitere Highlights geschichtserhellender Art beisteuern. Aber abgesehen davon, dass auf mich sowieso nie jemand hört, fragt mich ja auch keiner.«

Als im August 2006 die inzwischen 18-jährige Wienerin Natascha Kampusch ihrem Peiniger entfliehen konnte, der sie vor mehr als acht Jahren auf dem Weg zur Schule entführt und seitdem in einer Art Kellerverlies gefangen gehalten hatte, meldete sich Christine Nöstlinger nach längerer Pause wieder einmal im »Standard« zu Wort. Ihr Kommentar erschien zwar aus Anlass der Kampusch-Berichterstattung, spiegelt darüber hinaus aber das Sittenbild der Medienwelt in den ersten Jahren des neuen Jahrtausends wider. Unter dem Titel »Jenseits der Schamgrenze« schrieb sie:

»Der schmale Grat zwischen ›öffentlichem Interesse‹ und Voyeurismus ist mit freiem Auge kaum noch zu erkennen, weil sie fast deckungsgleich geworden sind.

Als ›öffentliches Interesse‹ gilt nämlich bereits alles, was Leser, Seher oder Hörer interessiert, und deren Interesse scheint von keiner Schamgrenze mehr gehemmt und gezügelt. Man meint, ein Recht darauf zu haben, über ›öffentliche Personen‹ – egal ob sie sich freiwillig dazu gemacht haben oder unfreiwillig dazu gemacht wurden – alles, einfach wirklich alles erfahren zu dürfen.

Dass dem so ist, ist nicht sehr verwunderlich. Wir Medien-User haben schließlich ein langes diesbezügliches Training hinter uns, indem man uns zizerlweise den Respekt vor der Privatsphäre ›öffentlicher Personen‹ so weit abgewöhnt hat, dass wir nur noch selten merken: Das hat mich aber wirklich nichts anzugehen. Uns geht schlicht und einfach alles etwas an!

Früher war die voyeuristische Lust der Menschen wesentlich bescheidener als heute, zu ihrer Befriedigung reichten die getuschelten Probleme aus der Nachbarschaft. Bei der Bassena, an der Straßenecke, im Wirtshaus, wohl auch im feinen Salon, erfuhr man alles über die Nachbarn, was einen wirklich nichts angeht, aber brennend interessiert.

Diese Sorte von Umfeld-Voyeurismus ist out! Die Bassenas gibt es nicht mehr, die Greißler auch nicht, Straßenecken sind kein Tratschstandplatz mehr. Nachbarschaftskontakte sind rar, wir wissen voneinander fast nichts, können uns also auch nicht an dem delektieren, was rundum an Unerhörtem, Erstaunlichem oder gar

Skandalösem passiert. Daher brauchen wir Ersatz und den liefern uns die Printmedien und das Fernsehen. [...]

Sogar der ansonsten seriöse Hörfunk verliert die Kontrolle über sich und stellt im ›Mittagsjournal‹ Mutmaßungen über Sexualkontakte des Opfers zum Täter an. Und im öffentlich-rechtlichen Fernsehen darf eine bildhübsche Polizistin, die einige Mühe hat, ihre Dialektgedanken hochsprachlich zu verbalisieren, emsig ausplaudern, was ihr Frau Kampusch anvertraut hat.

[...] Und weil die Sendezeit noch reicht und die Mutter des Entführers anscheinend nicht bereit gewesen ist, über den Sohn zu reden, filmt der Kameramann halt ihr Gemeindebau-Briefkastel,

und wir dürfen – weiß auf rot – ihren Familiennamen anglotzen.

Das alles lassen die Sendungsverantwortlichen im ›Interesse der Öffentlichkeit‹, ohne schamrot zu werden, durchgehen, und es steht zu fürchten, dass es bloß eine kleine Minderheit der Seher irritiert, während die Mehrheit auf ›Fortsetzung folgt‹ wartet und unzulässige Indiskretion mit gutherziger Anteilnahme verwechselt. […]

Und hinterher, wenn das ›Großereignis‹ wirklich nichts mehr hergibt und von den Medien – wie man so nett sagt – ›gegessen‹ ist, werden ein paar Menschen merken, dass sie schamlos benutzt wurden und es nötig gewesen wäre, sie vor sich selbst zu schützen. Aber eine derartige Schutz-Instanz gibt es halt leider nicht.«

Der Nöstlinger ihre Sprache

»Mir ist in einem Roman die Sprache sehr wichtig, ich würde sagen, zu 80 Prozent besteht die Literatur für mich aus Sprache. Ein Text muss eine Melodie haben. Ich sage immer: Ich spreche meine Texte nicht vor mich hin, ich murmle sie vor mir her.«

Es ist erstaunlich, dass die Nöstlinger mit ihrer sehr an die Mundart angelehnten Sprache im gesamten deutschsprachigen Raum so großen Erfolg hat. Dass eine Wienerin auf ihren Wortschöpfungen und Dialektausdrücken besteht und damit bei ihren deutschen Verlagen durchkommt, ist auch auf ihren Humor zurückzuführen, der in all ihren Texten mitschwingt. Dazu meint Silke Weitendorf, Verlegerin des Friedrich Oetinger Verlags: »Nie fehlen bei ihr der köstliche Humor und die Ironie, die jedes Buch zu einem reinen Lesevergnügen werden lassen. Und es ist ihre Sprache mit den vielen Wortschöpfungen und Neuzusammensetzungen, die das absolut ungewöhnlich Frische und Besondere an ihren Büchern ausmachen.

Dabei war gerade die Sprache am Anfang unserer Zusammenarbeit noch ein Problem. ›Ich nehm dem Papa sein Rad‹ zum Beispiel ist zwar echt Nöstlinger, hätte aber Eltern und Lehrer in Deutschland aufschreien lassen. Also wurde daraus ›Ich nehm das Rad vom Papa‹. ›Papas Rad‹ aber wäre unmöglich gewesen, hätte Christine nicht gefallen und wäre nicht ihre Sprache gewesen. Aber alles, was sich aus dem Text erklärt, haben wir gelassen, und so wissen unzählige Kinder in Deutschland nun, dass Tomaten auch ›Paradeiser‹ heißen können und ein Kasten manchmal kein Kasten, sondern ein Schrank ist.«

Auch die Rezensentin für Kinder- und Jugendliteratur der »Frankfurter Allgemeinen Zeitung« Caroline Roeder bezieht sich auf die sprachlichen Besonderheiten der Nöstlinger, wenn sie schreibt: »Sie kennen sicherlich alle Peter Bichsels ›Kindergeschichten‹. Darin befindet sich die wunderbare Erzählung ›Ein Tisch ist ein Tisch‹, in der ein nicht näher namentlich bezeichneter Mann seine heftigen Lebensänderungswünsche am Objekt Sprache umzusetzen versucht. Das sieht dann so aus, dass er den Dingen neue Namen zuteilt. Er beginnt mit dem Nächstliegenden, d.h. den Gegenständen, die ihn umgeben. Für den Bichsel'schen Mann heißt das Bett fortan Bild, der Stuhl Wecker, der Tisch Teppich und so fort. Diese Geschichte bekam ich als Kind vorgelesen. Fein, denken Sie vielleicht, und dann? Aber bleiben wir noch einen Moment bei dem lauschenden Kind: Noch hört es nur diese Geschichte und versucht dabei nicht einzuschlafen. Was auch gelingt. Zudem beginnt aber auch die Geschichte zu wirken. Und wie sie das tut! Sie funktioniert wie ein Keimling, der im Kinde implantiert wird. Und dieser Keimling, ein begründeter Zweifel gegenüber Worten und deren Bedeutung, wächst nun im zarten Lesepflänzchen Kind unbemerkt heran. Soweit so gut, hier haben wir die frühkindliche Zuhör-Literatur-Anamnese abgeschlossen und können jetzt auch den Schauplatz des literarischen Geschehens, die Bichselsche Schweiz, hinter uns lassen.

Und nun kommt Christine Nöstlinger. Das Kind liest voller Glück deren Bücher. Darin entdeckt es Worte wie FISOLEN, PARADEISER oder gar FLECKERLN. Geschmückt mit hübschen Sternchen finden sich am unteren Seitenrand Erklärungen dieser fremdartigen Begrifflichkeiten. ›Was soll das bedeuten?‹, denkt sich das Kind, denn es war schon in Wien auf dem Prater Karussel gefahren. Kein Sternderl brauchte man dort, um zu verstehen, was es dort alles gab. Das Kind fragt also die Eltern: Warum heißen im Buch die Bohnen Fisolen und die Kartoffeln Erdäpfel und die Tomaten Paradeiser? Prompt erhält es eine

Antwort, welche lautet: In Österreich hießen die Erdbeeren ja auch Ananas! – So ist das also.

Dieser Konter auf die kindliche Wissbegierde erklärt, müssen Sie zugeben, den Vorgang nicht direkt. Auch die Landesangabe ›Österreich‹ hilft in diesem Alter in keinster Weise weiter. Handelt es sich bei Ananas und Erdbeeren vielleicht schlicht um ein gravierendes Missverständnis? Liegt einfache Unwissenheit dem Ganzen zugrunde? – Aber, das Kind ist durch das viele Lesen und Vorgelesenbekommen klug und sowieso begabt. Die Bücher von der Nöstlinger gefallen ihm außerdem fürchterlich gut. Also denkt es weiter über den unerklärlichen Wortwechsel nach. Und plötzlich erinnert es sich. Ja, es gibt eine einleuchtende Erklärung, die das Kind aus seinem fundierten literarischen Wissen schöpfen und logisch ableiten kann: Die Christine Nöstlinger macht es wie der Mann aus der Geschichte. So wie dieser alle Gegenstände, wie den Stuhl, den Tisch – Sie erinnern sich – umbenennt, so scheint diese Nöstlinger vorzugehen. Aber das Kind erkennt auch die Besonderheit der Nöstlinger, diese scheint sich nicht mit Umbenennungen zu begnügen, nennt nicht die Bohnen Kartoffeln und die Kartoffeln Tomaten etc. Nein, die Nöstlinger findet ganz eigene Worte, die paradeisisch klingen und irgendwie appetitlich. Und bei diesem leckeren Gedanken wird dem Kind noch etwas deutlich. Die Schriftstellerin scheint sich bei ihren Neuschaffungen vorwiegend auf Lebensmittel zu konzentrieren. Genauer noch: Insbesondere Obst und Gemüse liegen in ihrem Tätigkeitsfeld. Das erscheint dem Kind etwas sonderbar, aber der Verdacht erhärtet sich bei der weiteren Lektüre. Es liest einen Roman dieser Autorin, in dem eine ausgeprägte Liebe zu einem Koch geschildert wird. Dieses Buch liefert weitere stichhaltige Beweise, denn wer so über eine Kochliebe schreibt, dem liegt Essen am Herzen. Sozusagen das letzte Mosaiksteinchen dieser Enthüllungsgeschichte liefert schließlich das Titelbild dieses eben erwähnten Buches. Es zeigt die verehrte Heldin der Geschichte, ein spakeliges Mädchen mit dünnen Armen, die Zöpfe stehen wie schwarze Spargel trotzig als Rahmen neben dem Gesicht. Von dem Mädchen erfährt man keinen Namen, sie spricht in Ich-Form von sich, na klar, das ist die Nöstlinger. So dünn!

Fast schon ein PS: Nur das Wörtchen ›Bassena‹ sticht hervor aus dem vermeintlich spezifischen Nöstlinger-Kulinaria-Wortschöpfungs-Arsenal. Aber erstmal wird dieser Fremdkörper geflissentlich überlesen, und als er dann bewusst bei der Lektüre doch noch wahrgenommen wird, ist das Kind auch schon aus dem hungrigen Lesealter herausgewachsen und nur noch der reine Wortzweifel treibt es um. Der Verehrung für die Nöstlinger freilich, der ist es allemal nicht entwachsen. Wie auch, so wie die mit dem Koch tanzt: Macht nix, macht nix, Ananas!« (aus: Beiträge über und von Christine Nöstlinger, erschienen in 1000 und 1 Buch 3/01 anlässlich ihres 65. Geburtstages)

»Ein Stück Welt in Sprache umsetzen«, das würde ihr heute als Beschreibung dessen reichen, was sie bei ihrer Arbeit zu leisten habe. Und dass sie das üblicherweise so erledige, dass ihre Leser etwas zu lachen haben, liegt nicht nur daran, dass Kinder gern lachen, sondern vor allem daran, dass sie eben dazu neige, das Komische, Skurrile, Witzige im Leben wahrzunehmen. Selbst in Situationen, in denen sie sehr, sehr traurig sei, »entgeht mir die komische Seite der Angelegenheit nicht«, sagt sie in ihrer Rede anlässlich der Astrid-Lindgren-Gedächtnispreisverleihung. »Dann lache ich klarerweise zwar nicht, aber ich hebe mir das Drüber-Lachen für später auf. Zudem habe ich im Laufe der Jahrzehnte begriffen, dass Kinder in einer Geschichte auch ein Stück ihrer eigenen Traurigkeit wieder finden wollen, und dazu eine gehörige Portion Trost, um mit dieser Traurigkeit zurecht zu kommen. Dass ich das begriffen habe, verdanke ich nicht zuletzt Astrid Lindgren und all ihren tröstlichen Geschichten, die von Freiheit in Geborgenheit erzählen.«

Beides bräuchte ja jedes Kind gleichzeitig, denn Freiheit ohne Geborgenheit taugt so wenig zum Glücklichsein wie Geborgenheit ohne Freiheit. Im wirklichen Leben ist kindliche Freiheit in Geborgenheit ziemlich rar. Den meisten Kindern mangle es am einen oder am anderen, wenn nicht gar an beidem. Ihnen dieses »Zwillingspack-Erlebnis wenigstens solange zu gönnen, wie sie sich auf die Welt eines Buchhelden einlassen, erscheint mir heute – im Gegensatz zu früheren Jahren – goldrichtig. Wobei ich zugeben muss, dass ich damals ja auch nur sehr theoretisch dagegen polemisierte und behauptete, damit belüge man die Leser, mogle ihnen etwas vor, biege für sie die Wirklichkeit zurecht, nehme sie nicht ernst und trübe ihren klaren Blick.

In der Praxis hatte ich mit der ›Freiheit‹ sowieso keine Probleme, denn Sehnsucht nach ihr und Anrecht auf sie zu beschreiben, trübt die verlangte Realitätsnähe nicht. Und für das nötige Quantum an ›Geborgenheit und Trost‹, wo sie realistischerweise in einer Geschichte nicht zu bieten waren, sorgte die ›phantastische Handlungsebene‹, die ich dann halt einführte. Konnte die feuerrote Friederike hierzulande nicht glücklich werden, entfloh sie fliegend in ein fernes, unbekanntes Land, wo ihr das Glück garantiert war. Und war ein autoritärer Kotzbrocken von einem Vater realistischerweise nicht zu besseren Einsichten zu bringen, erfand ich eben einen widerlichen Kumi-Ori-Gurken-König im Keller, der letztlich so etwas wie ein Happy End ermöglichte, oder ein ängstliches Kind bekam ein Arbeiter-Schutzgespenst, und ein geheimer Großvater sorgte nächtens für den Schutz von armen, drangsalierten Kindern. «

Auf ihre eigene Weise lebte die Nöstlinger damit ihr politischen Anliegen aus, die sich auch in ihren – setenen – Engagements im realen politischen Leben niederschlagen. Im Gegensatz zu der eine Generation älteren Astrid Lindgren, die sich nur einmal politisch engagierte, will Christine Nöstlinger ihre politische Botschaft über ihr Werk verstanden wissen. Doch was verbindet die Wiener Kinderbuchautorin mit der Schwedin?

In einem Interview mit Siegfried Weger für »Die Welt der Frau« wird sie nach ihrer Beziehung zu Astrid Lindgren gefragt. »Es war zwar keine Freundschaft, dazu haben wir uns leider zu wenig oft gesehen, aber ich habe sie gut gekannt. Sie war eine wunderbare Frau. Von ihr ging ein warmer Strom aus. Ohne viele Worte fühlte ich mich von ihr akzeptiert, angenommen und gemocht. Sie war geduldig beim Zuhören und gescheit beim Antworten. Ich wüsste nichts zu sagen, was nicht grandioses Lob wäre. In den letzten zehn Jahren war sie sehr arm. Sie hat nicht mehr gehört, nicht mehr gesehen. Bei unseren Treffen hat sie nur mehr meine Hand gehalten. Aber sie hat nie unglücklich gewirkt.«

Astrid Lindgren ist politisch aktiv gewesen und hat eine Steuer zu Fall gebracht. Wie es mit dem politischen Engagement der Nöstlinger aussieht, kommentiert sie so: »Astrid Lindgren hat einmal mehr Steuer zahlen müssen, als sie eingenommen hatte. Ich betätige mich politisch hin und wieder. Als ich gerne Heinz Fischer als Bundespräsidenten gehabt hätte, trat ich seinem Wahlkomitee bei. Ansonsten behagt mir das alles so wenig. Ich habe keine Partei, der ich mich hundertprozentig zugehörig fühle. Ich bin natürlich schon ein rot in der Wolle gefärbtes Sozialdemokratenkind. Meine Großeltern und meine Eltern waren überzeugte Sozialdemokraten. Ich selbst bin eine Wechselwählerin zwischen Rot und Grün. Wenn ich in der Wahlzelle stehe und bei den Grünen mein Kreuzerl mache, dann höre ich sozusagen aus dem Himmel meine Mutter sagen: ›Madl, scham di!‹«

Ihre Mutter war bestimmt ihr Lebtag stolz auf die politische Linie ihrer Tochter, die in ihren Büchern stets die Parteinahme für die Schwächeren und die Rechte der Kinder betonte. Auch in jenen Texten, die sich mit der jüngeren Vergangenheit Österreichs auseinandersetzen, äußert sich ihre humane und pazifistische Weltsicht. Im Laufe ihrer langjährigen Produktion ist eine Entwicklung hin zu einem leiseren und versöhnlicheren Grundton zu bemerken, die Sprache ist nicht mehr so scharf wie in den Anfängen. Der Humor und Witz bleiben, wenn auch möglicherweise nicht mehr so böse wie früher, immer noch zentrales Element. Dieser Witz, der sich sowohl in der Konstruktion der Handlungen wie auch in der Sprache äußert, kommt im gesamten Schaffen der Autorin zum Tragen.

Dialekt nur für Erwachsene

Christine Nöstlinger spricht Wiener Dialekt. Einen, wie man meinen möchte, sehr prononcierten, ist es doch auch ein politisches Statement – das Eintreten für die Unterprivilegierten. Neben ihren zahlreichen Kinderbüchern hat sie eine Vielzahl an »Erwachsenenliteratur« geschrieben, ihre Mundart-Gedichte sind Legende. Man hat das Gefühl, dass sich hier eine Dichterin in ihrer Sprache ganz zu Hause fühlt. Es wäre aber nicht die Nöstlinger, wenn sie nicht auch hier einen selbstkritischen Ansatz hätte. In einem Beitrag in »1000 und 1 Buch« 3/01 reflektiert sie über die Sprache ihrer Kindheit, die sie in Wolfgang Teuschls »Wiener Dialekt Lexikon« wiedergefunden hat:

»Vor ein paar Jahren merkte ich, dass meinen Kindheitserinnerungen – auf deren Taufrische ich immer so stolz war – nicht mehr zu trauen ist, soweit es den ›Text‹ der darin agierenden Personen betrifft. Im Laufe der Jahrzehnte hatte ich sie sichtlich ihres wunderbaren Dialekt-Wortschatzes beraubt. Bewusst wurde es mir, als ich ein paar

Bücher von einer Bücherwand zur anderen trug, wobei mir ein Buch – und zwar Wolfgang Teuschls ›Dialekt Lexikon‹ – entglitt, zu Boden plumpste, aufblätterte und mir die letzte bedruckte Seite darbot. Als letztes Wort in der mittleren Spalte prunkte ›Zwonek‹, und mit einem Schlag war mir klar, dass mein Großvater nicht, wie gern von mir erzählt, bei der Übergabe des Taschengeldes geflüstert hatte, sein Eheweib solle den ›Zwanziger‹ nicht sehen. Den ›Zwonek‹ hatte er mich ersucht, vor ihr zu verbergen!

Die Vokabel ›Zwonek‹ hatte mein Hirn verschlampt. Misstrauisch wie ich gegen mich bin, argwöhnte ich, dass der Zwonek nicht das einzige vergessene Wort meiner Kindheitssprache sei. Also legte ich mir den Teuschl ins Bett und las jede Nacht vor dem Einschlafen in ihm. Schön brav von A nach Z, kein Wort überspringend, jedes gebührend würdigend. Natürlich war mir – abgesehen vom ›Itzler‹, der ein Tritt in den Hintern ist – kein einziges Wort fremd. Sogar den ›Paluderer‹ identifizierte ich sofort als grausigen Ersatzkaffee. Bloß wäre er mir nie im Leben eingefallen, hätte man mich gefragt, wie grausiger Ersatzkaffee im Wiener Dialekt genannt werden kann.

Nach ein paar Wochen der Nacht-Lesungen war ich bei ›si zwuzeln‹, der letzten Vokabel, hatte die Sprache meiner Kindheit wieder perfekt parat und hätte mich anderer Lektüre hingeben können. Ich schaffte es nicht, mich vom Teuschl zu trennen. Er liegt heute noch in meinem Bett und lockt mich vor dem Einschlafen, in ihm zu lesen. Das Faszinierende an dieser Lektüre ist das Zuordnen gewisser Wörter und Redewendungen zu bestimmten Personen. Das ›Mamlas‹ zum Beispiel gehört zu meiner Großmutter. Nur zu ihr! Sie war weit und breit die einzige, die mit diesem sonderbaren Ausdruck tagtäglich den Herrn Wessely beschimpfte. Und der revanchierte sich damit, dass er den ›Quiqui‹ anflehte, die ›Pestgrammel‹ zu holen. Und die artige Redewendung ›Geh in Prater, Petroleumsackeln ausstauben‹ erinnert mich bitter an den Schurli, der lieb mit mir spielte, wenn wir allein im Hof waren, aber mir die Petroleum-Gemeinheit empfahl, sobald andere Kinder dazu kamen. Intensiv spüre ich auch meine kindliche Ratlosigkeit, wenn unser Nachbar über sein Eheweib klagte: ›Sie setzt sich dauernd einen Schädel auf!‹

Menschen, an die ich seit Jahrzehnten nicht mehr gedacht habe, sind plötzlich wieder in meinem Kopf, wenn ein Dialekt-Wort die Erinnerung an sie aktiviert. Vergnüglicher als das Wiener Dialekt Lexikon hat mich noch kein Buch in den Schlaf geschaukelt. Und die Träume, die sich dann einstellen, sind auch durchwegs von besserer Qualität als ohne vorangegangene Teuschl-Lesung. Kurz und gut: Der Teuschl bleibt im Bett! Und heute in der Nacht werde ich mich der ersten S-Seite widmen und über den ›Herrn Sachen‹ und die ›Salatstecher‹ sinnieren.«

Anhand des folgenden Beispiels wollen wir uns der »anderen« Nöstlinger zuwenden, jener Autorin, die mit Hilfe der Mundart zu verdichten weiß, im doppelten Sinn des Wortes, wird hier doch in äußerst verknappter Form ein anorektisches Schicksal skizziert:

Vom nerwösn Madl*)

Weuli a Neafal bin,
legd si bei mia ois aum Mogn.
Mei Mama hod des a.
Regnma uns auf, schbeim ma uns au.
I schbeib vua da Schuioabeid,
und wauma d Schuioabeid
zrug griagn,
daun schbeib i a.
Mi regds,
Wauni a Eibrensubn sich.
Mi regds,

*) aus dem Sammelband »Iba de gaunz oamen leit«. Dachs-Verlag, Wien, 1996

Wauni den Koalaungl hea.
Mi regds,
wauni nochn Leitn ind Glass kumm,
und mi regds,
waun da Papa mid da Mama streid.

Wauni no amoi in Subntöla schbeib,
hoda Papa gsogd,
daun muas d Mama
mid mia zuam Dogda ge.

Oba des ged a ned.
Wauni nämlich des Woatezimma
Vum Dogda sich,
daun schbeib i mi au!

Iba de gaunz
oamen leit, 1996

Der 1996 im Dachs Verlag erschienene Sammelband »Iba de gaunz oamen leit« (Über die ganz armen Leute) enthält die Gedichtzyklen »Iba de gaunz oaman kinda«, »Iba de gaunz oaman fraun« und »Iba de gaunz oaman mauna« (Über die ganz armen Kinder. Über die ganz armen Frauen. Über die ganz armen Männer). Die für Nöstlinger typische Sozialkritik wird hier, im Gegensatz zu der lockeren und ironischen Sprache ihrer Kinderbücher, in einer bedrückenden, durch den gewählten Wiener Dialekt (ursprünglich die Sprache der Wiener Arbeiterschicht) noch drastischer wirkenden Klarheit formuliert. Die meisten Gedichte beschreiben die Ausweglosigkeit der Lage, die Ohnmacht des Einzelnen und die Trostlosigkeit, in der sich die Menschen befinden.

Die Sprache der Gedichte ist auch für Wiener nicht leicht zu lesen, da der Dialekt üblicherweise gesprochen, nicht geschrieben wird. Abgesehen von der ungewohnten phonetischen Schreibweise, ist für Nicht-Wiener auch das Vokabular nicht immer verständlich.

Christine Nöstlinger bestätigt im Gespräch, dass die Texte schwer zu lesen sind, und außerdem seien sie voller Druckfehler, weil die Setzer das irgendwie nicht ganz hinbekommen hätten.

»Bei einem Buch fehlt das letzte Wort, das finde ich ganz lieb. Wenn mir das jemand zum Signieren gibt (besonders gern tu ich das, wenn der Verleger neben mir steht), dann sag ich: ›Ja, vorne kriegen Sie meine Unterschrift und hinten werde ich Ihnen das letzte Wort hinein schreiben‹, da wird der Verleger immer knallrot«, erzählt sie lachend.

Völlig unmöglich scheint es ihr, für Kinder im Dialekt zu schreiben, denn Kinder würden diese Literatur niemals lesen können. Zudem würde sie nie Prosa im Dialekt schreiben, »da gibt es nur Lyrik. Das habe ich vor vielen Jahren einmal ausprobiert und dann gleich wieder bleiben lassen.«

Angesprochen auf die Schwierigkeit, den Dialekt zu transkribieren, meint die Nöstlinger, dass es früher eine eigene Schrift gegeben hätte, »mit Ringerln und Eckerln, dann hat der H. C. Artmann angefangen, das ohne diese Sonderzeichen zu machen, ebenso Friedrich Achleitner und Gerhard Rühm. Und jetzt schreibt jeder Mundartdichter so, wie er will«.

Alle, die jetzt Dialekt schreiben, verwenden nur Kleinbuchstaben, merkt Christine Nöstlinger an. »Ich schreibe für Hauptwörter Großbuchstaben, weil ich finde, da kann man sich beim Lesen ein bisschen besser orientieren und sich wenigstens an der Oberzeile anhängen. Aber ich habe da auch meine eigenen Sachen, ich schreibe zum Beispiel viel so, wie ich es höre, also mehrere Wörter in einem Wort, wie zum Beispiel ›wiasasi‹. Das könnte man genauso gut ›wia sa si‹ schreiben, aber ich schreibe ›wiasasi‹!«

Für Kinder hat sie Lyrik auf Hochdeutsch geschrieben. Die meisten sind in »Ein und alles« enthalten, das sie gemeinsam mit Jutta Bauer herausgebracht hat. »Es ist eines meiner liebsten Bücher.«

Damit alle ihre Bücher verstehen können, hat Christine Nöstlinger ein Gedicht geschrieben, in dem sie den Unterschied zwischen den zwei Sprachen Deutsch versus Wienerisch anhand vieler lustiger Beispiele treffend erläutert:

Sprache leicht, Sprache schwer …*)

Was bei euch eine Griebe ist,
ist bei uns eine Grammel,
wenn uns der Reis geht,
habt ihr einen Bammel!
Was bei euch ein Furz ist,
ist bei uns ein Schas,
und redet ihr Quatsch,
erzählen wir einen Kas!
Eure Ladenschränke
Sind unsere Kasteln.

---

*) Aus: Das große Nöstlinger Lesebuch. Beltz & Gelberg, Weinheim und Basel, 1996

Apropos Schas!
Es gibt auch einen mit Quasteln –
was bei euch ein Furz
mit Pommeln wär.
Und überreife Tomaten
Sind gatschige Paradeiser, bitte sehr!
Bonbons sind Zuckerln,
Locken sind Wuckerln,
depperte Umurken
sind doofe Ziegen,
und wenn wir einen Strauken kriegen,
habt ihr einen Schnupfen.
Und Punkte sind Tupfen!
Pfannkuchen sind üblicherweise
Omeletten.
Hupfen wir in die Hapfen,
kriecht ihr in die Betten.
Omeletten können aber auch
Palatschinken sein,
und wenn wir piperln,
dann trinkt ihr viel Wein.
Wertloser Kram
Ist notiges Klumpert,
und ein Herz, das laut klopft,
das pumpert.
Brötchen sind Semmeln,
Hasenscheiße sind Bemmerln.
Ein Hefenapfkuchen

Ist ein Germgugelhupf,
und türmt sich was auf,
dann hat's einen Gupf!
Ein Kuddelmuddel
Ist ein Wirrwarr,
und mir wird sehr klar:
Malochen heißt bei uns hackeln
Und unterwürfig sein dackeln.
Eine Tunke
ist eine Soß,
ein Knödel ist ein Kloß.
Macht ihr Zicken, machen wir
Faxen,
und Beine sind bei uns Haxen.
Storchbeine
sind Kakaosprudler,
Kräuterlimonade
ist Almdudler.
Ein Dreikäsehoch
ist ein Zwutschkerl, ein kleines.
Ein fieser Knülch
ist ein Gfrast, ein gemeines.
Stelzen
sind Eisbeine.
Wuzerln sind Krümel, sehr kleine.
Ein Nasenpopel ist ein Rammerl,
und Schweinebauch heißt Wammerl.
Wer bei euch einen Pimmel hat,

hat bei uns ein Zumpferl,
und ein Bleistiftrestchen
ist ein Stumpferl.
Das WC nennen wir Abort.
Schaufenster sind Auslagen.
Und wenn wir zu einem Herzbinkerl
sagen,
dann ist der unser liebstes Schätzchen.
Und Honigbusserln sind kleine
Plätzchen!
Maschen sind Schleifen,
und keppeln heißt keifen.
Ein widerlicher Mensch ist ein Untam,
und Schlagobers ist Süßrahm.
Oder nennt ihr das süße Sahne?
Jedenfalls hat einer, der nach Schnaps
riecht,
eine mordsdrum Fahne.
Aber auch wir sind cool
und plantschen im Pool,
haben einen Walkman,
wollen Movies sehn,
fühlen uns O.K., super und fit,
singen den allerletzten Hit,
checken was und fixen,
zahlen cash und mixen,
brüllen »stopp«
und sind am Top.

Wie die Nöstlinger übersetzt wird

Christine Nöstlingers Bücher sind in mehr als 50 Sprachen übersetzt worden, unter anderem ins Englische, Französische, Spanische, Italienische, Niederländische, Schwedische, Dänische und Russische, aber auch ins Norwegische, Ungarische, Albanische, Hebräische, Persische, Rumänische, Slowenische, Baskische, Japanische, Litauische, Tschechische, Griechische, Bulgarische, Polnische, Chinesische, Kroatische, Koreanische und in viele andere.

Nun ist es so, dass Nöstlingers Bücher in den verschiedenen Übersetzungen unterschiedlich ausfallen können. Das ergibt sich schon allein aus der Tatsache, dass nicht nur der Autor, sondern auch der Übersetzer und letztlich natürlich der Leser Personen mit eigener Geschichte und Kultur sind. Es ist nicht möglich, sich aus dem eigenen Kulturkreis zu lösen, die Rezeption und die Konzeption eines Textes müssen daher immer auch aus diesem Blickwinkel betrachtet werden. Während sich der Autor selbst nur mit seinem kulturellen und geschichtlichen Hintergrund und, sofern er darüber nachdenkt, mit dem seines potenziellen Lesers auseinanderzusetzen hat, hat der Übersetzer in ganz speziellem Maße auch darauf Rücksicht zu nehmen, ob bestimmte sprachliche und kulturelle Eigenheiten eines Textes auch im Land der Zielsprache verständlich sein können. Er entscheidet darüber, welche Kenntnis der fremden Kultur er bei den Lesern der Zielsprache voraussetzen will und kann. Jede Sprache gliedert die Wirklichkeit in ihrer ganz speziellen Eigenart auf. Zwei Sprachen können daher nie völlig identisch sein, obwohl sie sich durchaus sehr ähnlich sein können. Eine Übersetzung kann deshalb nie absolut gesehen werden, sondern sie ist immer nur eine von verschiedenen Möglichkeiten. Auch eine gute Übersetzung ist immer nur ein Kompromiss. Dieser Kompromiss bezieht sich nicht nur auf die einzelnen Worte, sondern erstreckt sich über den Text in all seinen Ebenen.

Ein Vergleich von Übersetzungen richtet sich daher nicht nur auf das Layout, die Illustrationen und weitere rein formale Kriterien, sondern bei Reihen auch im besonderen Maße auf die Gestaltung serienbildender Merkmale in der Zielsprache, die Verwendung von Eigennamen, die Formulierung von Buchtiteln und Überschriften und selbstverständlich auch auf die stilistische Komponente.

Es ist beim Übersetzen besonders schwierig, den Stil des jeweiligen Autors beizubehalten, denn man soll das übersetzte Buch natürlich nicht am Stil des Übersetzers, sondern am Stil des Autors erkennen. Im stilistischen Bereich ist es immer interessant zu sehen, wie Wortspiele, mundartliche Ausdrücke, im Fall von Christine Nöstlinger Austriazismen, und fremdsprachige Einschübe übersetzt wurden. Darüber hinaus ist es auch spannend, einen Blick auf das Fehlende zu werfen, also auf das, was nicht übersetzt, was weggelassen wurde. Was wie eine scheinbar willkürliche Auslassung wirkt, kann auch eine bewusste Einflussnahme des Übersetzers sein, die dem Buch einen ganz anderen Stempel aufdrücken kann.

Es wäre auf jeden Fall eine lohnende Aufgabe, die Bücher von Christine Nöstlinger in ihren verschiedensten Übersetzungen einem ausführlichen Vergleich zu unterziehen, bei dem alle oben genannten Aspekte berücksichtigt werden.

Aber selbst bei einem peripheren Vergleich der verschiedenen Übersetzungen kann man Unterschiede entdecken, auch wenn man die betreffenden Sprachen gar nicht oder nur rudimentär beherrscht. Als Beispiele dienen hier »Maikäfer, flieg!« in der russischen und der englischen Übersetzung, wobei die russische Ausgabe leider nicht vollständig ist, sondern nur einige Kapitel enthält.

Weiters werden hier noch »Einen Vater hab ich auch« auf Ungarisch und die »Schulgeschichten vom Franz« in der slowenischen, schwedischen und niederländischen Übersetzung zum Vergleich herangezogen.

Englisch:
Fly away home
Übers.: Anthea Bell
London: A Target Book 1978
(Titelbild zeigt ein dunkelhaariges Mädchen)

Russisch:
Leti, majskij Žuk!
In: Detskaja Literatura Avstrii, Germanii, Švecarii
Übers.: E. Ivanova
Moskau: Vladoš 1997

Очнулись мы на последней ступеньке. Света в подвале не было. Я прижалась к бабушке. Она дрожала и всхлипывала. Над нами свистело, гремело, грохотало. Дверь открывалась и закрывалась, открывалась и закрывалась...

Наконец всё стихло. Слышны были лишь бабушкины всхлипы. Моя голова лежала на её мягкой груди. Бабушка, погладив меня, прошептала:

— Они улетают! Улетают!

Заголосила сирена отбоя. Эта сирена звучала приятно, даже нежно. Внизу, в конце подвала посветлело. Зажглась лампа возле нашего уполномоченного по дому. Я услышала его голос: «Соблюдайте спокойствие! Прошу вас, без паники! Я сейчас всё осмотрю!» Мы с бабушкой и уполномоченным поднялись по лестнице. Слава Богу! Наш дом уцелел. Только стёкла повылетали... Мы вышли на улицу. Из других ворот тоже появились люди.

Вверху, на Кальвариенберггассе стояло огромное облако пыли. Внизу не хватало большого дома и рядом с ним маленького. К нам подошёл муж тётки Ханни.

— Вы не видели Ханни? — спросил он. Вид у него был очень усталый, а лицо — серое. — Я долго её искал...

Мы не видели тётку Ханни. Не видели её больше никогда. Она лежала наверху, под грудой развалин, на Кальвариенберггассе. Муж её потом откопал. Если бы у неё в одной руке не было железной палки, а в другой — клетчатого одеяла, он бы её не узнал, потому что головы у неё не было.

Но пока мы этого не знали. Наш уполномоченный крикнул ему:

— Идите в парк, посмотрите там, в бункере.

242

243

In beiden vorliegenden Übersetzungen wurde versucht, das bekannte Kinderlied »Maikäfer, flieg!« möglichst textnah in die Zielsprache zu übersetzen. Ob Kinder aus dem englischen beziehungsweise aus dem russischen Sprachraum ähnliche Assoziationen mit diesem Lied verknüpfen wie Kinder deutscher Sprache, ist natürlich fraglich. Andererseits haben auch Kinder, die heute dieses Buch lesen, nicht mehr die gleiche Verbindung zu diesem Lied wie ihre Eltern.

Beide Übersetzungen bleiben anfangs sehr nah am Original, dann fällt jedoch auf, dass im Englischen einige Passagen weggelassen wurden. Was bei der ersten Auslassung noch wie ein Zufall wirkt, bekommt beim genaueren Hinsehen doch eine andere Akzentuierung, da ausgerechnet die menschlich besonders berührenden Szenen mit dem russischen Koch Cohn in manchen Kapiteln komplett fehlen oder stark gekürzt sind.

Eine sehr bekannte Anekdote, die von Christine Nöstlinger auch in Interviews immer gern erzählt wird, nämlich die Geschichte vom russischen Koch, der so gern Brot backen wollte, wurde von Anthea Bell komplett weggelassen.

Auch die missverständliche Situation, als Cohn den »Erzengel« aus dem Draht befreien will und dabei von ihr als Vergewaltiger beschimpft wird, fehlt. Diese Auslassungen sind sehr bedauerlich, da dadurch die Erzählung eine andere Gewichtung erhält.

Auffällig ist auch die unterschiedliche Covergestaltung. Die russische Übersetzung ist in einem Sammelband erschienen, also ohne eigenes Cover. Das englische Buch zeigt die Zeichnung eines dunkelhaarigen Mädchens vor einem Wohnhaus mit Hakenkreuzfahne und einem vor lauter Flugzeugen fast dunkel erscheinendem Himmel. In Kombination mit den Auslassungen der Schilderungen der menschlichen Züge der russischen Soldaten wirkt das Buch hier bei weitem ernster und bedrückender, als es von Nöstlinger wohl beabsichtigt war.

Hingegen ziert das deutsche Cover ein Foto eines blonden Mädchens mit Zöpfen, im Hintergrund sind schemenhaft Flugzeuge zu erkennen. Die Wahl dieses Titelbildes scheint der Intention des Buches näher zu kommen, da es ja um die Erlebnisse der achtjährigen Christine im Krieg geht und nicht um den Krieg selbst. Völlig unangebracht ist hier allerdings, dass das Foto ein blondes Mädchen zeigt. Nicht nur, dass Nöstlinger als Kind dunkelhaarig war, ist es auch inhaltlicher Bestandteil des Buches, dass sie zum ersten Mal froh war, nicht blond zu sein, da sie dadurch mit den Soldaten weniger Probleme hatte als der blonde und blauäugige Gerald.

Einen Vater hab ich auch
Weinheim und Basel: Beltz & Gelberg 1994
Titelbild. Jutta Bauer

Ungarisch:
Zür hátán zür
Übers.: Minerva Nova Kiadó
Illustrationen: Judit Komlódi
Szeged: Kiadta a Könyvmolyképző Kiadó 2004

Im Ungarischen bedeutet der Titel etwa so viel wie »Chaos über Chaos«. Im Gegensatz zum Original gibt es relativ viele Illustrationen.

Rokonaimnál való tartózkodásom nyolcadik napján sorsdöntő vétséget követtem el. Az egész úgy kezdődött, hogy Szofi és én megéheztünk, és kiosontunk a konyhába, hogy valami harapnivalót készítsünk magunknak. Étkezések között a nénikém házában szigorú evéstilalom van. Gondolom azért, hogy biztosan elfogyjanak azok a furcsaságok, amiket főz. A konyhában egy tálban gyönyörű, sötétbordó cseresznyét találtunk. Kivettem egyet, elmajszoltam, majd megmutattam Szofinak, hogyan lehet cseresznyemaggal „célbaköpni". A második cseresznyénél megmutattam, miként lehet a mutató- és a hüvelykujj közül „célbafricskázni". Szofi is próbálgatta, de elég ügyetlen volt. Ezért a célbaköpést és a célbafricskázást igen sokszor meg kellett ismételnem, neki pedig sokszor kellett utánoznia. Majdnem az összes cseresznye elfogyott, mire végre tökéletesen elsajátította a mutatványt. A konyha úgy nézett ki, mint egy véres csatamező!

Éppen kezdtük eltakarítani a disznóólat, amikor Annemi néni belépett a konyhába. Egyszerűen hisztérikus ordítórohamot kapott. Hiába mondtam neki, hogy már éppen elkezdtünk volna takarítani! Egyáltalán nem figyelt ránk. Azt a barátságos ajánlatomat, hogy saját pénzemen veszek egy másik adag cseresznyét, szintén nem vette jó néven. Teljesen megközelíthetetlen volt! Egyfolytában csak rikácsolt, hogy azonnal takarodjunk ki a konyhából, és hogy elfelejthetjük a cseresznyés rétest, amit vacsorára akart sütni, és hogy ma már látni sem akar minket! Tűnjünk el a szeme elől! És a szobánkból ki se jöhetünk! És Szofitól megvonja a zsebpénzét a következő két hétre, azért, hogy vonja le a következtetést, és tanuljon az esetből! A fúria valószínűleg tőlem is szívesen elvont volna valamit, de először is még nem kaptam tőle semmit, másodszor pedig vélhetően nem

Da »Einen Vater hab ich auch« wesentlich mehr Dialektausdrücke enthält als andere Romane von Christine Nöstlinger (es gibt sogar ein Glossar im Anhang), war es hier interessant zu sehen, wie diese Austriazismen in die Zielsprache übertragen wurden. Ohne auf Einzelheiten einzugehen, kann man sagen, dass der ungarische Text auch witzig und lustig geschrieben ist, aber keine dialektalen Einfärbungen hat.

Schulgeschichten vom Franz
Hamburg: Friedrich Oetinger 1996
Illustrator: Erhard Dietl

Ein oberflächlicher Vergleich verschiedener »Franz«-Übersetzungen ist aufgrund der einfachen Sprachstruktur für Leseanfänger und der vielen Illustrationen auch problemlos mit Sprachen zu bewältigen, die man kaum beherrscht.

Slowenisch:
Franževe šolske zgodbe
Übers.: Lučka Jenčič-Kandus
Illustrator: Erhard Dietl
Celovec/Ljubljana/Dunaj: Mohorjeva založba 1999

Schwedisch:
Frans i Ettan
Übers.: Gun-Britt Sundström
Illustrator: Erhard Dietl
Stockholm: Berghs 1989

Niederländisch:
Martijn gaat naar school
Übers.: Ineke Ris
Illustrator: Erhard Dietl
Amsterdam: Leopold 1990

Schon auf den ersten Blick fällt auf, dass die niederländische Variante als einzige ein anderes Titelbild hat. Der darauf abgebildete »Franz« (er heißt hier ja Martijn) hat längere Haare als der Franz der anderen Bücher. Das wäre prinzipiell vielleicht gleichgültig, wenn es nicht in der darauffolgenden Beschreibung heißen würde: »Aber seit der Papa dem Franz zweimal die Woche den Kopf ratzekahl rasiert, hält ihn niemand mehr für ein Mädchen.« (Zitat S. 5) Auch in der niederländischen Variante heißt es: »Maar sinds papa Martijn hoofd en keer in de week zo kaal als een knikker scheert, denkt temindste niemand meer dat hij een meisje is.« (Zitat NL, S. 5) Hier widerspricht also das Cover eindeutig der Beschreibung im Text, was besonders für Leseanfänger nicht sehr günstig ist, da sie ja ein Erfolgserlebnis nach dem für sie mühsamen Entziffern des Textes brauchen. Während bei allen hier untersuchten Übersetzungen Erhard Dietl der Illustrator ist, auch in der niederländischen Fassung, stammt einzig das niederländische Cover von einem anderen Zeichner.

Die Namen der handelnden Personen, besonders natürlich von Franz, sind jeweils der Phonetik der Übersetzungssprachen angepasst, im niederländischen Text erfolgte darüber hinaus auch noch eine Anpassung an den niederländischen kulturellen Sprachraum. Daher heißt der Franz hier Martijn, sein Nachname wird nicht erwähnt, der Bruder heißt Joost und seine Freundin Linda de Graf. In der schwedischen Übersetzung treffen wir Frans Fröstl, Josef und Gabi Gruber, in der slowenischen Franc Frestl, Jozef und Gabi Gruber und in der deutschsprachigen Fassung heißt er ja Franz Fröstl, sein Bruder ist der Josef und seine Freundin ist Linda Gruber.

Nur in der niederländischen Ausgabe gibt es eine Kapitelübersicht. Das erste Kapitel trägt im deutschen Original den Titel »Wie der Franz Angstbauchweh hatte«, dementsprechend heißt es im Niederländischen »Martijn heeft buikpijn van de zenuwen«, im Schwedischen »När Frans fick magknip« und im Slowenischen hat dieses

Kapitel den gleichen Titel wie das ganze Buch, nämlich »Franceve šolske zgodbe«, also sinngemäß »Franz' Schulabenteuer«.

Sowohl bei den Illustrationen als auch im Text gibt es einen weiteren auffallenden Unterschied, besonders bei der niederländischen Übersetzung verglichen mit den anderen. Der niederländische Franz geht in die 3a, dies ist auch in der ursprünglich von Erhard Dietl stammenden Illustration so dargestellt. In allen anderen Versionen geht er in die 1a. Hier wurde bei der niederländischen Variante wieder ganz augenscheinlich auf die speziellen kulturellen Unterschiede im niederländischen Schulsystem eingegangen.

Ein weiterer korrigierender Eingriff in die Illustrationen findet sich bei der Abbildung der Klasseneinteilung, auf der Franz und seine Mutter sehen, dass er nun doch nicht mit Gabi in eine Klasse geht. Im Original steht hier »Klasseneinteilung« und man kann die Namen von Gabi und Franz lesen, im Niederländischen und Schwedischen ist der Text nur stilisiert und nicht lesbar dargestellt, im Slowenischen ist er wiederum lesbar: »Razporeditev«.

Solcherart ziehen sich die Übersetzungsunterschiede durch das ganze Buch. Selbst bei diesem nur oberflächlichen Vergleich von wenigen Sprachausgaben erkennt man doch sehr deutlich den Einfluss sowohl des Übersetzers als auch der Kultur der Zielsprache.

Übrigens werden die Bücher von Christine Nöstlinger noch in eine ganz besondere Schrift übersetzt, und zwar in die Blindenschrift. Die »Schulgeschichten vom Franz« lesen sich dann so:

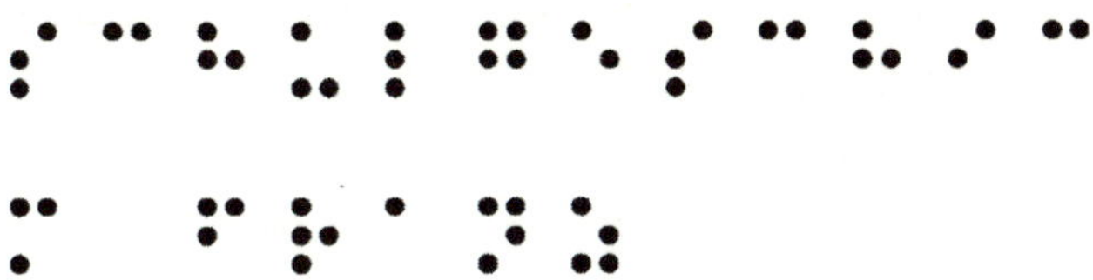

Für eine erfolgreiche Autorin, gehört es zu den Früchten ihrer Arbeit, wenn ihr Werk in andere Sprachen übersetzt wird. Und auch jeder Verlag ist stolz darauf, wenn er seine fremdsprachigen Buchlizenzen verkaufen kann. Christine Nöstlinger hat eine breite Regalreihe gefüllt mit den Belegexemplaren ihrer fremdsprachig erschienenen Bücher, »leider!«, wie sie anmerkt, benötigen doch diese Bände viel Platz und können von ihr nur teilweise gelesen werden. Deshalb nimmt sie sich dann doch manchmal ein Herz und wirft Bücher weg. »Es fällt mir wirklich schwer, Bücher wegzuwerfen. Aber es gelingt mir dann manchmal schon, wenn irgendeine Ausgabe in einer Sprache erscheint, die ich sowieso nicht lesen kann und die so hässlich ist, dass es nicht zum Aushalten ist. Die fremdsprachigen Verlage machen ja dann eigene Titelbilder, und wenn die ganz hässlich sind und der Papiercontainer unten noch nicht voll, dann schmeiße ich ein solches Exemplar dann schon weg.«

Die Beziehung zu ihren Übersetzern ist klarerweise sehr unterschiedlich. So kennt sie ihren Russisch-Übersetzer Pavel Fraenkel sehr gut, der jetzt in Deutschland lebt. »Ich glaube, der hat es sehr ordentlich gemacht, der Pavel. Nur in Russland ist halt immer die Frage, ob die Verlage überhaupt noch Papier haben oder noch Geld, um irgendwas zu machen. Und dann kenne ich noch meine Englischübersetzerin, Anthea Bell, die ist so gut, dass ich oft beim Lesen lachen muss. Normalerweise lache ich über meine eigenen Texte nicht, aber in diesem trockenen englischen Humor wirkt manches irgendwie noch witziger. Die französischen sind angeblich total mies übersetzt, haben mir Kinder aus dem Lycée Français gesagt: ›Du, im Französischen sind aber deine Bücher überhaupt nicht lustig.‹

Die Italiener, habe ich mir von meiner Tochter, die im Italienischen perfekt ist, sagen lassen, die streichen einfach ganze Sachen weg, wenn ihnen zum Beispiel die Liebe zu genau beschrieben ist. Das hängt ja immer vom Verlag ab. Wenn irgendein Verlag eher konservativ ist und dann gibt es zu viel Liebe, dann fällt die Szene im Text einfach weg.«

Zu den übrigen Sprachen könne sie überhaupt nichts sagen. »Ich glaube, es kommt auch viel darauf an, wie der Übersetzer selber ist. Die Übersetzerhonorare sind auf jeden Fall immer schlecht. Ich war einmal zu einem Übersetzerkongress in Wien eingeladen, da bin ich aus dem Staunen nicht herausgekommen, wie schlecht da ehrenwerte Übersetzerinnen (es sind ja meistens Frauen) bezahlt sind. Die werden teilweise sogar auf Zeilenhonorar mit halben Zeilen von den Verlagen abgerechnet. Da werden die halben Zeilen zusammengezählt, eine absurde Sache!«

Christine Nöstlinger hat allerdings auch schon selbst übersetzt. Sie habe schon einige Übersetzungen gemacht, »aber nur Rohübersetzungen«. Aus dem Englischen und Niederländischen übertrug sie Bilderbücher. »Da waren aber dann die ursprünglichen Autoren unzufrieden damit, weil ich ihrer Meinung nach nicht nah und dicht genug am Original war«, kommentiert sie ihre Nachdichtungen lachend.

»Eigentlich habe ich aber nur Kleinigkeiten wie Bilderbücher, Kleinkinderbücher oder dergleichen übersetzt. Was manchmal sehr schwierig ist, grad aus dem Englischen, weil das Englische ja viel kürzer ist. Gerade bei den Bilderbüchern geht der Text sehr oft in das Bild hinein. Da gibt es dann mit dem Deutschen Probleme, da die Sätze meist länger sind und dann bis in die Illustrationen reichen würden. Da muss ich oft hart arbeiten, damit ich irgendetwas finde, was die gleiche Länge, eigentlich Kürze, hat.«

Lesungen im Ausland habe sie zwar absolviert, aber ungern. »Ich hasse diese Auslandsreisen. Zuerst nimmt man was an und denkt sich, na ja, da kann ich mir wenigstens die Stadt auch einmal anschauen, wenn man wo noch nicht war. Aber dann ist man vom Morgen bis zum Abend mit den Veranstaltern zusammen und kommt eigentlich zu nichts Privatem. Das ist ja sehr verschieden, wenn die Veranstalter Leute sind, mit denen man d'accord ist, dann ist es ganz nett, aber leider ist es nicht immer so.«

Christine Nöstlinger und ihre Verleger

Seit mehr als drei Jahrzehnten ist Christine Nöstlinger denselben Verlagen treu, und zwar dem Verlag Friedrich Oetinger, dem Verlag Beltz & Gelberg sowie dem Dachs Verlag, der seit 1995 auch die Rechte der ehemals im Verlag Jugend & Volk erschienenen Werke innehat. Inzwischen ist aber auch der Dachs Verlag, der einzige österreichische unter den dreien, vom deutschen Patmos Verlag übernommen worden.

Jeder dieser Verlage hält auch sämtliche Nebenrechte – wie die für Übersetzungen, Taschenbuchausgaben, Hörspiele, Verfilmungen etc. – an den Nöstlinger Büchern.

Christine Nöstlinger hat sich, laut eigenen Aussagen, immer bemüht, »ihre« Verlage reihum regelmäßig zu bedienen. Etwa ein Buch pro Jahr und Verlag wird es wohl gewesen sein, meint sie. Und das kam so: »Dass ich mich nicht mit einem Verlag begnügte, lag daran, dass ich, fasziniert von meinem unerwarteten Erfolg, brummhummelemsig ohne allzu viele Formulier-Skrupel drauflos schrieb«, erzählt sie in ihrer Rede anlässlich der Verleihung des Astrid-Lindgren-Gedächtnispreises. Alle zwei Jahre, meinte der Verleger, der ihr erstes Buch gedruckt hatte, wolle er ein Buch von ihr haben. »Ich hatte aber schon ein halbes Jahr nach Erscheinen der ›Feuerroten Friederike‹ das nächste Buch fertig und sah nicht ein, warum es noch eineinhalb Jahre ›abliegen‹ sollte. Also schickte ich es dem deutschen Verlag, den ich für den besten hielt. Und dem Verlag gefiel meine Geschichte.

Zwischendurch lernte ich auf einer Tagung – Tagungen waren damals sehr in Mode – noch einen zauberhaften deutschen Jungverleger kennen, das ergab eine innige Freundschaft auf den ersten Blick, und daraus ergab sich wiederum, dass ich unbedingt für seinen gerade gegründeten Kinderbuch-Verlag etwas schreiben müsse.

Und so produzierte ich dann halt für meine drei Verlage immer schön ›reihum‹ und in einem Tempo, über das ich heute nur noch staunen kann, Kinderbücher.

Ich weiß, das klingt ziemlich ›märchenhaft mühelos‹. Aber die Zeiten waren eben damals den Kinderbuchautoren, die mit dem Heile-Welt-Klischee brachen, hold. Es gab, der gesellschaftlichen Situation in Deutschland und Österreich entsprechend, jede Menge Diskussionen über Kinder und Kindererziehung und Kinderliteratur. Pädagogen, Psychologen, Soziologen, Autoren, Verleger und sonstige Experten gerieten einander heftig in die Haare, wenn es darum ging, was Kinder von der Welt wissen dürfen und was ihnen verheimlicht werden muss, wovor man sie zu bewahren habe und worüber man sie aufklären müsse.

Kurz gesagt: So wie in der Politik prallten auch in Sachen Kinderliteratur die ›Rechten‹ mit den ›Linken‹ zusammen. Die Erregtheit der Auseinandersetzungen, die sich die Teilnehmer auf Kinderbuch-Tagungen lieferten, ist heute kaum mehr vorstellbar. Da stritten Lehrer und Buchhändler, Bibliothekare und Lektoren, Elternvereinsvertreter, Schriftsteller und weiß der Himmel wer sonst noch alle, vehement zum Wohle der Kinder über das Wohl der Kinder.

In dieser Atmosphäre hatten es Autoren, die mit dem ›Althergebrachten‹ brachen, nicht sehr schwer, bekannt zu werden. Von der ›fortschrittlichen‹ Fraktion wurden sie gewaltig hochgelobt, von der ›konservativen‹ Fraktion wurden sie gewaltig gescholten, beides erhöhte ihren Bekanntheitsgrad. Ich bekam viel Lob und noch viel mehr Schelte ab. Besonders die konservativen Lehrer lehnten meine Bücher ab. Nicht nur deshalb, weil nicht alle Lehrer, die in meinen Büchern vorkamen, herrliche Menschen waren, sondern vor allem deshalb, weil die Kinder, die in meinen Büchern vorkamen, so redeten, wie Kinder halt reden und nicht so, wie wohlerzogene Kinder reden sollten. Und obwohl auch bereits damals in Österreich jede dritte Ehe geschieden wurde, galt es als ›unerhört‹, in Kinderbüchern darüber zu erzählen. Dort sollte von ›heilen Familien‹ mit guten ›Umgangsformen‹ erzählt werden. So ungefähr nach dem Motto: Wie Kinder leben und was sie erleben, das ist ihnen noch lange nicht als Lektüre zuzumuten!«

Freilich unterscheiden sich die Programme der Verlage sehr wohl, sodass die im Verlag Jugend & Volk, später Dachs, nunmehr Patmos erschienenen Bücher durch eine gewisse Konventionalität und Bodenständigkeit gekennzeichnet sind. Wirkliche Experimente finden sich nicht darunter. Nach dem Erstlingswerk »Die feuerrote Friederike« erscheinen unter anderem noch die Dialektgedichte »Iba de ganz oamen Leit«, die »Dani Dachs«-Bilderbücher und die bei Kindern im Volksschulalter sehr beliebten »Mini«-Bücher. Die Illustrationen zu den »Mini«-Büchern, aber auch zu einigen anderen im Dachs Verlag erschienenen Bücher, stammen von Christine Nöstlingers Tochter Christiane.

Weitere Themenschwerpunkte der in diesem Verlag erschienenen Bücher sind die diversen gesammelten Kolumnen, die als »ABC für Großmütter« erschienen sind. Außerdem »Das Küchen-ABC« und »Geplant habe ich gar nichts. Aufsätze – Reden – Interviews«.

Hubert Hladej begleitete Christine Nöstlinger verlegerisch schon bei Jugend & Volk und seit vielen Jahren im Dachs Verlag. Anlässlich ihres 65. Geburtstages beschreibt der Verleger seine Bekanntschaft mit der Autorin so: »Vor etwa dreißig Jahren lernte ich Christine Nöstlinger kennen. Der Anlass war ein neues Lesewerk für die Volksschule mit dem Titel: ›Unser Lesehaus‹; ein Gemeinschaftswerk der Wiener Gruppe von Kinder- und

Präsentation Frankfurter Buchmesse 2003: Hubert Hladej jun., Christine Nöstlinger und Hubert Hladej sen. im Hintergrund

Jugendbuchautoren. Als Herausgeber fungierten zwei verdiente Volksschulpädagogen.

Misstrauisch beäugte mich Christine Nöstlinger, ich erschien ihr zu artig und zu angepasst für mein damaliges Alter, noch dazu ein Schulbuchlektor, was Langweiligeres war in der damaligen Autorenszene nicht vorstellbar.

Ich hatte es nicht leicht. Subtil musste ich die Herausgeber überzeugen, dass Texte von Kinderbuchautoren mehr Motivation zum Lesen, zum Auseinandersetzen mit Inhalten und Fragen bieten als Texte, denen jeder Pfiff und Humor abgeht.

Subtil musste ich die Autoren überzeugen, dass diese Arbeit die Chance bot, mehr Leben und Wirklichkeit in die Schule zu bringen und den Quargelsturz des so genannten ›Wahren, Schönen und Guten‹ in die pädagogische Rumpelkammer zu stellen.

So entstanden ›Das Haus Marillengasse 4‹, Tiergeschichten und andere Anthologien jeweils für die Schulstufen zwei, drei und vier. Es war für mich der Einstieg in die Kinderbuchproduktion, denn die einzelnen Bände erschienen nicht nur als Schulbücher, sie wurden auch als Kinderbücher verkauft und waren letztendlich hier erfolgreicher.

Im Anschluss an die ›Marillengasse‹ arbeiteten wir noch gemeinsam an weiteren Schulbuchprojekten und fühlten Genugtuung, wenn die Pädagogen unseren Vorstellungen nachgaben – weniger aus Überzeugung, eher weil sie nicht als Fossile schwarzer Pädagogik dastehen wollten. Den Beginn unserer Freundschaft aus ihrer Sicht schildert Christine Nöstlinger so: ›Der Hubert hat gesungen, und sein Gesang hat mich betört: einer der SO singt, habe ich mir gesagt, kann kein simpler Schulbuchhengst sein! Das war meinerseits der Anfang unserer Freundschaft ...‹

Dabei habe ich beim Singen ziemliche Textprobleme, heraus kommen kuriose Medleys. Die dürften Unterhaltungswert haben.

Einmal erzählte ich ihr, dass ich gern Klarinette gelernt hätte. Zu meinem fünfzigsten Geburtstag schenkte sie mir eine B-Klarinette und verband damit den Wunsch, dass ich zu ihrem Sechziger ›Avanti Popolo‹ spielen sollte. Mit Feuereifer nahm ich Stunden, konnte bald ganz hörbar spielen, jedoch ein Bandscheiben- und andere Vorfälle unterbanden meinen Eifer, und so wurde aus dem Vorspielen nichts. Ich hatte zwar speziell noch dieses Lied geübt, aber es vor Publikum zu spielen, da verließ mich der Mut. So richtig verziehen hat sie mir das noch nicht. Obwohl: So richtig nachtragend ist sie nicht. Ich habe sie als eine sehr verständnisvolle und geduldige Autorin erlebt und vor allem als eine sehr pünktliche.

Über Kinderbücher reden wir nur selten, nur das Notwendigste. Unsere Hauptthemen sind Politik, weniger Gott, mehr die Welt. Und Kochen. Von meinen Kochkünsten lässt sie allenfalls die Würste gelten und den Schnaps. Schweigen ist schon ein Lob. Für Zank ist gesorgt, wenn wir uns mit unserem Garten berühmen und beiläufig etwa im Juni fragen, ob es denn noch Schnee gäbe im Waldviertel.

Freundschaften zwischen Autoren und Verlegern sind facettenreich. Sie werden gerne mit verwandtschaftlichen Verhältnissen verglichen, wobei die jeweiligen Rollen nach Belieben vergeben werden. Die Grenzen dieser Freundschaft sind häufig eng, weil sie Zweckfreundschaften sind. Unstimmigkeiten können bald zum Bruch führen, der gemeinsame Zweck kann aber den Bruch wieder kitten.

Wir mögen uns. Wir wissen von einander, was wir können, was wir nicht können, was wir wollen und was wir nicht wollen. Wir gehen uns eigentlich nie auf die Nerven. Ihre Küche ist himmlisch und Ernst Nöstlinger ein versierter Sommelier für Käse und Wein und wie sie ein amüsanter und spannender Gesprächspartner.

Ein schlechtes Gewissen habe ich schon. Ich bin noch etwas schuldig: ›Avanti Popolo‹ auf der Klarinette. Ich werde wieder üben.« (aus: 1000 und 1 Buch 3/01)

Auch der Verlag Beltz & Gelberg begleitet Christine Nöstlinger von ihren Anfängen in den siebziger Jahren bis hin zum im Oktober 2006 neu erschienenen Bilderbuch »Leon Pirat«. Der Name Leon kommt übrigens daher, dass der Sohn Barbara Gelbergs so heißt, und eine Piratengeschichte deshalb, weil er gerne solche liest. Auch hier zeigt sich wieder, dass Christine Nöstlinger bei ihren Verlagsentscheidungen oft von persönlichen Beziehungen geleitet wird.

Unter den bei Beltz & Gelberg publizierten Büchern befindet sich zum Beispiel »Wir pfeifen auf den Gurkenkönig« (1972), für das Christine Nöstlinger 1973 den Deutschen Jugendbuchpreis (heute: Deutscher Jugendliteraturpreis) erhielt. Auch die eher anspruchsvollen Jugendromane »Andreas oder Die unteren sieben Achtel des Eisbergs«, »Stundenplan« und die zwei autobiografischen Romane »Maikäfer, flieg!« und »Zwei Wochen im Mai« sind hier erschienen.

Die persönliche Beziehung zwischen Autorin und Verleger beschreibt Hans-Joachim Gelberg unter dem Titel »Mit einem Doppelwebstuhl – Über handwerkliche und humane Herausforderungen des Schreibens« erschienen anlässlich des 65. Geburtstages von Christine Nöstlinger in »1000 und 1 Buch 3/01«: »Nun habe ich wieder einmal in

Wir pfeifen auf den Gurkenkönig, 1972

Christine Nöstlingers Briefen gelesen – um mich einzunisten in Erinnerungen an dreißigjährigen werknahen, liebevollen Austausch. Es soll sozusagen ein kleiner Tusch zu Christines 65. Geburtstag werden.

Es ist noch nicht lange her (so kommt es mir jedenfalls vor), dass ich den ›Nussknacker‹, mein zweites Werkstattbuch (einmalige Auflage 1986), Christine Nöstlinger zum 50. Geburtstag widmete. Darin ihre oft zitierte Aussage: ›Ich kann nur über Dinge schreiben, die ich kenne‹.

Oder auch ihre oftmals zitierte Rede ›Ist Kinderliteratur Literatur?‹ Merkwürdigerweise beschäftigt uns diese Frage immer noch, und zwar vermehrt, weil die Zuwendung all jener, die es hätten wissen und sagen und tun sollen, ausgeblieben ist. Die großen Theorienmacher sind sich immer noch uneins. Als hätte Christine Nöstlinger nicht in 30 Jahren mit ihren 150 Romanen und Geschichten (Gedichte nicht zu vergessen) auch allen Ignoranten längst bewiesen, dass sie nicht nur große Literatur schreibt, dass vielmehr Kinderliteratur zum poetischen Bestand der Literatur in aller Welt gehört. Vielleicht war es falsch, in dieser aufregenden Zeit (es war keine sanfte Zeit), die Literatur sozusagen in zwei Etagen zu etablieren: unten fürs Kind, oben für Erwachsene. Selten gelangte etwas in den Aufzug nach oben, nur hier und da etwas Kinderliterarisches. Vielleicht ist es auch falsch, sehnsuchtsvoll auf den Aufzug nach oben zu warten, als hinge davon die Seligkeit ab; denn was aufhebenswert ist, bestimmt die Kinderliteratur immer noch selbst. Das ist kein Zufall, vielleicht sogar Glück! Unwiderruflich ist ja das eigentlich Prägende dieser Literatur die Nähe zur Kindheit. Und davon weiß jede Literatur, wo immer wir ihr begegnen, ein Lied zu singen. Christine Nöstlinger beginnt ihre unvergessliche Geschichte ›Von der Frieda‹ (1977) mit einem Hinweis: ›Von der

Frieda kann man nur schwer eine Geschichte schreiben. Aber Frieda hat genauso ein Recht auf eine Geschichte wie jede andere Fünfzehnjährige. Man muss sich also Mühe geben; beim Schreiben und beim Lesen.‹

Die Mühe des Schreibens (man merkt es ihren Büchern nicht an) hat Christine Nöstlinger unzählige Male auf vielfältige Weise zu ihrer Nagelprobe gemacht. Denn Ausgedachtes-Vorausgedachtes-Nachgedachtes gestalten, Figuren wie Menschen (Großväter, Mütter, Väter, Nachbarn, Erwachsene halt und andere kindbefasste Personen, auch Gurkinger und andere Monster, und immer wieder Kinder) zur Welt und zum Reden zu bringen, ist nicht nur eine handwerkliche, sondern auch eine humane Herausforderung. Und darin, im Handwerklichen wie im Humanen, kann man bei Christine Nöstlinger getrost in die Schule gehen, um dort vielleicht auch ›Ein und alles‹ (1992), das Buch der 365 Tage, vor und zurück zu lesen.

Für mich als ›begleitenden‹ Lektor wurden jedenfalls ihre Geschichten zum universalen Lehrstück. Was diese Autorin, stets im Umgang mit ihrer Sprache und Fantasie, mir Jahr für Jahr auf den verlegerischen Schreibtisch legte, prägte mich und prägte den Verlag. Ihre Manuskripte waren übrigens stets briefbegleitet. 1972, nach dem ›Gurkenkönig‹ in der Maikäfer-Zeit, schreibt sie: ›Liebenswerter, löblicher Meister!, ich habs schwer! Weg vom Phantastischen Kinderbuch, Realität einholen, alles gut und schön und gar nicht so schwer! Aber Humanität einholen, das ist die Schwierigkeit.‹

Was sagt man zu einer liebwerten Autorin, die man über alles schätzt und bewundert, wenn sie unversehens ins 65. kommt? Lobt man sie, weil sie in all den Jahren so viele wunderbare Bücher geschrieben hat? (Bücher, die überall und in vielen Sprachen und oftmals schiefgelesen in den Regalen liegen!) Lobt man sie, weil sie dem Verlag so viele Auflagen beschert hat? Oder spricht

Hans-Joachim Gelberg

man vom Glück der Stunde, als Christine und ich anno 1969 auf einer Tagung in Urach ins Gespräch kamen über die Sprechblasenwelt der Comics? Für mich war es jedenfalls ein Anfang, den ich nicht vergesse. Verlegerisch gesehen müsste man jetzt ihre ›Gesammelten Werke‹ sichten, dem jugendbuchpreisgekrönten ›Gurkenkönig‹ eine Prachtausgabe gönnen. Dem Hugo-Kind in den besten Jahren wohl auch. (Alle Geschichten bleiben, wenn sie gut sind, aber ihre Ausstattung muss man alle zehn bis fünfzehn Jahre neu machen.)

Vielleicht aber auch, aufs Ganze bedacht und bedenkend auch, was Zusammenarbeit von Autor und Lektor bedeuten kann, ist's vielleicht treffend und recht, wenn ich abschließend aus einem Brief zitiere, den mir Christine Nöstlinger 1974 geschrieben hat, als wir noch viele Bücher vor uns hatten: ›Könnten wir nicht zusammen eine Teppichknüpferei aufmachen. Mit einem Doppelwebstuhl. Ein Hilfsarbeiter tut uns die Längsfäden auf den Webstuhl, und wir sitzen dann davor und knüpfen die Fäden ein. Wir knüpfen Sonnen und Monde und Sterne, und nehmen rot und violett und alle drei Minuten halte ich Dir ein Fädchen vor die Nase und Du mir ein Fädchen vor die Nase und sagen uns: ist's recht so! und nicken uns zu und knüpfen ein.‹«

Der Verlag Friedrich Oetinger ist der Hausverlag der beliebten »Franz«-Bücher, die seit Jahren regelmäßig in der Kinderbuchreihe »Sonne, Mond und Sterne« erscheinen. Unter den weiteren bei Oetinger publizierten Büchern finden sich viele traditionelle Kinderbücher wie die »Gretchen«-Bücher und »Luki Live«, aber auch sehr sozialkritische, zum Denken anregende Romane wie »Ilse Janda, 14« oder »Die Ilse ist weg« und »Konrad oder Das Kind aus der Konservenbüchse«.

Silke Weitendorf, Verlegerin des Oetinger-Verlages, beschreibt, was aus ihrer Sicht die Zusammenarbeit mit Christine Nöstlinger so einmalig macht, folgendermaßen: »Vor mehr als dreißig Jahren, da gab es noch das ›sternchen‹, die Kinderbeilage der Illustrierten ›stern‹. Und

v.l.n.r.Gretchen hat Hänschenkummer, 1981
Gretchen Sackmeier, 1981
Gretchen mein Mädchen, 1988

dort sollte damals, 1970, der zweite Roman einer jungen österreichischen Autorin als Vorabdruck erscheinen. Eine Geschichte von ganz sonderbaren Dingen, die geschehen, als Oma Seifertiz die Ratschläge des Mr. Bat befolgt, der die größte Erfindung aller Zeiten gemacht hat ... Es war ein Science-Fiction-Märchen, auf das die Redakteurin der Zeitschrift uns damals aufmerksam machte – frisch und unkonventionell, wenngleich auch in teilweise ungewohnt österreichischer Tonlage.

›Mr. Bats Meisterstück oder Die total verjüngte Oma‹ wurde 1971 der erste Titel, den Christine Nöstlinger im Oetinger Verlag veröffentlichte. Es folgten unter anderem die Trilogie von ›Gretchen Sackmeier‹, die ›Franz‹-Geschichten, ›Luki-live‹, ›Ilse Janda, 14‹, ›Olfi Obermeier‹ und viele mehr. 30 Bücher in dreißig Jahren. Bücher, in denen sie die Wirklichkeit mit all ihren Freuden, Sorgen und Nöten so schildert, dass der Leser sich ernst genommen fühlt. Bücher, in denen sie schwerwiegende Probleme behandelt, verzwickte Familienverhältnisse, Scheidung und Ehekrise, Frustration und Flucht, Frauen- und Männerrollen, Schulprobleme, Umweltschutz und immer wieder ein Plädoyer für die Selbstbestimmung des Kindes hält – am schönsten dargestellt in der herrlich verrückten und humorvollen Satire von Konrad, dem Kind aus der Konservenbüchse, das sich vom fabrikmäßig hergestellten Anpasser zum aufmüpfigen antiautoritären Jungen entwickelt.

Zu meinen absoluten Lieblingsfiguren gehört der piepsstimmige, mit Ringellocken bekränzte Franz, der auf ganz einfache Weise alle diese Nöstlinger-Qualitäten vereint. Als 1979 die Erstlesereihe ›Sonne, Mond und Sterne‹ startete, fragten wir Christine, ob sie nicht Lust hätte, für die Reihe zu schreiben. Zunächst erschienen ihr die Vorgaben zu didaktisch, aber sie wollte es versuchen.

1983 überraschte sie uns dann mit dem ersten Band der ›Geschichten vom Franz‹, diesem idealen Buch-Charakter, der so ideenreich sein Kinderleben lebt und den sie mit ihrem unverwechselbaren Charme und mit viel Humor zum Leben erweckt hat und von dem es mittlerweile elf Bände gibt.

Ich weiß nicht, wie oft ich schon die Geschichte vom ›Muttertagshut‹ laut vorgelesen habe – am besten vor jungen Eltern – und immer wieder spontane Begeisterung erntete. Denn am ›Franz‹ zeigt sich ein typisches Nöstlinger-Phänomen besonders deutlich: Die Geschichten gefallen sowohl Kindern als auch Erwachsenen. Sie lachen zwar nicht an den gleichen Stellen, aber sie lachen.

Christine Nöstlinger möchte nämlich, dass der Erwachsene auch etwas von der Geschichte hat, die er seinen Kindern vorliest. Sie selbst dagegen liest gar nicht gerne vor – obwohl sie es hervorragend gut kann. Denn Christine Nöstlinger versteht es nicht nur beim geschriebenen, sondern auch beim gesprochenen Wort so anschaulich, unprätentiös und mit trockenem Humor zu erzählen, dass man gar nicht aufhören möchte mit ihr zu sprechen.

Sie ist ein heiterer, positiv eingestellter Mensch, geht mit sich selbst robust um und lässt es kaum zu, dass man sie bedauert oder tröstet. Sie ist

Geschichten vom Franz, 1997

eigentlich die Ideal-Autorin, die sich jeder Verleger wünscht. Christine Nöstlinger ist eine äußerst unkomplizierte Autorin, ›pflegeleicht‹ sagt sie selbst. Ein Profi, bei dem man als Verleger wirklich noch das Gefühl hat, sich gegenseitig zu ergänzen, um für beide Seiten das Optimale zu erreichen.

Wenn wir sie um ein neues Buch baten, dann sagte sie ganz einfach ›Ja, mein Schatz, das kriegst du‹. Und es kam tatsächlich. Und sicher hätte es auch weniger ›Franz‹-Geschichten gegeben, wenn wir nicht immer wieder neue Themen angeregt hätten: Reisegeschichten, Freundschaftsgeschichten, Umweltgeschichten und andere. Nur – und

Silke Weitendorf

das ist auch typisch Christine – war das nächste Manuskript dann gar keines aus dem vorgeschlagenen Themenkreis, nein, dann kam etwas überraschend anderes. Und an die Fußballgeschichten mag sie sich noch nicht herantasten, das Wagnis sei ihr zu groß, da sie nichts vom Fußball verstehe.

Mit oder ohne Fußballgeschichten – wir wünschen uns, dass wir mit Christine noch viele gute Jahre zusammenarbeiten werden, freuen uns auf ihre nächsten Bücher und Ideen und wünschen ihr, dass Sie auch in Zukunft so optimistisch, humorvoll und unabhängig bleibt wie bisher!«

Liest man diese Zeilen, so möchte man meinen, zwischen Autorin und Verlagen herrsche immer Liebe, Wonne, Waschtrog. Gab es auch Verlage, mit denen die Nöstlinger nicht zurecht kam? »Nein. Ich habe es nie bei anderen versucht. Ja, Kleinigkeiten habe ich für andere Verlage gemacht, das war aber immer als Kleinigkeit ausgemacht und war nie ein Versuch, zu wechseln. Ich habe nie versucht, zu einem anderen Verlag zu gehen. Und seriöse Verlage werben ja auch die Autoren nicht voneinander ab. Das tut man einfach nicht. Ich habe eigentlich auch nie das Bedürfnis gehabt, einen Verlag zu wechseln. Ganz im Gegenteil, mir waren die drei Verlage eigentlich immer schon ein bissel zu viel. Aber ich habe sie immer reihum brav bedient, weil ja sonst jeder Verleger grantig geworden wäre, wenn ich nur für den einen oder anderen von den dreien was gemacht hätte. Am liebsten hätte ich immer nur zwei Verlage gehabt, aber es gab eben einfach persönliche Freundschaften zu den Verlegern, und alle drei waren sie nett und ordentlich, also war es so in Ordnung. Ich bin ja auch ein relativ pflegeleichter Autor, so ist es ja auch wiederum nicht. Ich kenne Kollegen, die wegen der dümmsten Gründe auf einen Verleger beleidigt sind. Ich kenne auch Kollegen, die sehr misstrauisch sind und glauben, sie werden betrogen, was sicher nicht stimmt, wenn man bei einem seriösen Verlag einen Vertrag hat. Natürlich gibt es auch Leute, die sich aufregen, wenn sie in der Programmvorschau nicht auf Seite 1 oder 2 stehen, sondern irgendwo hinten. Da gibt's sogar welche, die sich – ich habe jetzt vergessen, ist die rechte oder die linke Seite die bessere? – aufregen, wenn sie nicht auf der besseren Seite erwähnt sind. Irgendein Kollege, sein Name sei hier nicht genannt, hat erklärt, er geht von dem Verlag weg, weil er auf der linken Seite war und angeblich erregt die rechte Seite mehr Aufmerksamkeit, also auf solche Sachen habe ich noch nie geschaut.«

Was die sprachliche Auseinandersetzung mit der Wiener Idiomatik betrifft, so haben wir dies weiter oben bereits andiskutiert. Speziell bei den »Franz«-Büchern fällt allerdings auf, dass doch deutlich die deutsche Schriftsprache verwendet wird. »Ja, das ist so: Der Beltz Verlag, dem ist das gleichgültig, der lässt alle Austriazismen stehen. Sowohl dem Jochen Gelberg, der jetzt schon in Pension ist, als auch seiner Tochter Barbara, die das übernommen hat, ist das egal. Der Jochen hat das Wienerische geliebt, und die Barbara hat nichts dagegen.

Beim Oetinger Verlag haben wir uns drauf geeinigt, dass für größere Kinder meine Austriazismen bleiben. Aber für Leseanfänger versuchen wir, das einfach zu halten. Das sehe ich ja auch irgendwie ein. Jetzt tun sie sich mit dem Lesen ohnehin schon schwer, und dann kommen da noch Wörter, die sie überhaupt noch nie gehört haben und nicht verstehen. Das muss nicht sein. Ich muss ja nicht unbedingt schreiben, er isst eine ›Topfengolatsche‹, aber ich habe sehr viel dagegen, dass er ein ›Quarkteilchen‹ isst. Das kommt mir nicht in den Text rein. Aber er kann ja auch irgendetwas anderes essen. Es gibt dann immer irgendeine Lösung, manchmal allerdings, wenn ich unaufmerksam die Druckfahnen lese, kann es schon passieren, dass irgendetwas drinsteht, was ich übersehen habe, und wenn ich dann irgendwo zufällig eine Lesung habe, da denke ich mir dann, hoppla, was steht denn da? Zum Beispiel steht dann bei Büchern vom Beltz Verlag drinnen ›er hat gesessen‹, in Österreich sagt man aber nun einmal, dass man gesessen ist.«

Die Nöstlinger und ihre Leser

Auch wenn sich die Autorin darüber beklagt, dass es zu wenig Rezensionen über Kinderliteratur gibt, so ist es doch erstaunlich, wie interessiert die Medienlandschaft an Christine Nöstlingers Person ist. Auf unsere Frage, ob es unangenehm sei, berühmt zu sein, meint sie, es würde eigentlich Spaß machen. »Ich meine, in dem Maße, wie ich bekannt bin, ist es noch nicht unangenehm. Manchmal hat es sogar Vorteile. In Geschäften zum Beispiel sind die Menschen freundlicher zu einem und man kommt schneller dran. Teilweise ist es unangenehm, wenn man erkannt wird, aber das hat eigentlich mit Bekanntheit nichts zu tun. Wenn man für eine Zeitung schreibt und eine Meinung äußert, die vielen nicht gefällt, und zwar diesem Bodensatz der Nation, dann kann es unangenehm werden, das Bekanntsein. Da kriegt man dann teilweise Post und Briefe, die schon nimmer schön sind. Obszön, bösartig, bis zu Morddrohungen geht das. Da kommt zum Beispiel ein Brief, der ist ganz zerstochen,

›weil ich Sie nicht hier habe‹, so richtig mit Nadeln reingestochen, aber das hat eigentlich nichts mit Berühmtheit zu tun. Das passiert halt, wenn du in einer Zeitung in einem Kasterl unter deinem Namen schreibst«, beschreibt sie ihr Dilemma.

Anlässlich ihres 70. Geburtstags am 13. Oktober 2006 feierte der gesamte deutsche Sprachraum Nöstlingers Jubiläum. Schon Tage vorher erschienen Glückwünsche in den Fach- und Tageszeitungen, Bibliotheken, sowohl in Österreich als auch in Deutschland, luden zu Sonderveranstaltungen ein, Verlage kündigten Neuausgaben und Sondereditionen an, Buchhandlungen gratulierten der beliebten Autorin.

In der Internet-Suchmaschine Google fanden sich rund um den Jubeltag unzählige Einträge, Glückwünsche und Veranstaltungstermine. Die Palette reichte hier vom Nöstlinger-Gewinnspiel bei einem Buchdiskonter bis zur Lesung in einer kleinen norddeutschen Bibliothek. »Die Welt der Frau« bot ihren Lesern nicht nur einen ausführlichen Artikel über die Nöstlinger, sondern zeigte auch Fotos mit Seltenheitswert, nämlich vom Nöstlinger-Haus im Waldviertel und ein Foto mit Ehemann, Tochter Christiane, Schwiegersohn Patrick sowie den beiden Enkelkindern Nette und Nando.

Das ORF Radiokulturhaus lud zu einem Abend mit Christine Nöstlinger ein, dessen Zusammenfassung am Tag darauf in Ö1 zu hören war.

Am Wochenende sendete der ORF »Die drei Posträuber« und einige Tage später war die Schriftstellerin zu Gast in »Willkommen Österreich«.

Der »Standard« brachte ein ausgiebiges Interview mit Claus Philipp und lud zur Abendveranstaltung »Von Büchern und Menschen – Christine Nöstlinger im Gespräch mit Claus Philipp« ein.

Der Patmos Verlag veranstaltete eine Feier zu Ehren von Christine Nöstlinger im KinderLitera-

KinderLiteraturhaus, Wien 2006

turhaus in Wien, bei der es eine Lesung für Kinder und später noch einen Empfang mit Interviewmöglichkeit gab.

Die Jubilarin absolvierte all diese Veranstaltungen geduldig, zum Schluss leicht ermüdet, aber dennoch sehr geehrt.

Da Christine Nöstlinger bekanntlich nicht oft Lesungen hält, waren die diversen Veranstaltungen für viele Leser die seltene Möglichkeit, die Autorin persönlich kennen zu lernen.

Im direkten Gegenüber konnte Nöstlinger zeigen, dass sie sich beim Schreiben nicht verstellt. Sie schreibt genauso, wie sie spricht, ist erfrischend authentisch. Herzlich und geduldig widmet sie sich den auf Autogramme wartenden Kindern. Immer wieder fragt sie nach den Namen der Kinder, malt manchmal noch ein Herzchen dazu und findet ein paar nette Worte. Gelassen und routiniert lässt sie sich die für das Interview notwendigen Mikrofone plus Zubehör installieren. Die Fragen ihres Gegenübers beantwortet sie spontan und natürlich. Dass man das Gefühl hat, viele Dinge schon einmal gehört zu haben, liegt einfach daran, dass sie auch seit fast 40 Jahren immer wieder interviewt wird und die Fragen dabei erwartungsgemäß nicht allzu sehr variieren.

Ihre Natürlichkeit und Gradlinigkeit, vor der sich einige angeblich auch fürchten, da sie immer frei heraus sagt, was sie denkt, zwingt auch den Interviewer, flexibel und spontan zu sein. So gesteht sie Claus Philipp im Interview verschmitzt, dass sie die alten Textfragmente von unvollendeten Romanen, um die er sie gebeten hat, einfach schnell neu geschrieben hat, weil sie diese nicht mehr fand, sie ihm aber versprochen hatte. Solcherlei erfordert dann vom Gegenüber Routine, erzeugt aber beim Publikum ungeteilte Sympathie.

Die Tageszeitung »Die Presse« brachte das, was die Sympathieträgerin ausmacht, auf den Punkt: »Sie macht keine ›Kindersachen‹ in ihrer Freizeit, andere Kinderbücher liest sie nicht, und warum es rund um ihren 70. Geburtstag so viel Rummel gibt, versteht sie nicht ganz. ›So ein Geburtstag ist anscheinend ein Ereignis, da muss man wohl oder übel mitmachen.‹ Bescheiden zeigte sich Christine Nöstlinger, eines kann sie jedoch nicht verleugnen: Sie ist das Aushängeschild der österreichischen Kinderliteratur.«

Doch das Lob war noch größer, als Christine Nöstlinger im März 2003 den »Nobelpreis der Kinderbücher«, den Astrid-Lindgren-Gedächtnispreis erhielt. Die »Frankfurter Allgemeine Zeitung« war davon überzeugt, dass mit Christine Nöstlinger (und Maurice Sendak, mit dem sie sich den Preis teilte) »international berühmte Altmeister der

Weltliteratur für Kinder ausgezeichnet wurden, die auf eigene Weise das Erbe Astrid Lindgrens weitertragen, ohne dabei im mindesten epigonal zu sein. Auch die Tageszeitung »Der Standard« meint, dass »nichts weniger als Weltliteratur« hier ausgezeichnet wurde. Und: »Hier manifestiert sich vor allem eine Wertschätzung, die nicht nur Astrid Lindgren für die Bücher der Wiener Schriftstellerin empfand. Eine Anerkennung dafür, dass Nöstlinger einen Humanismus, eine Skepsis gegenüber jeglicher Autorität und gleichzeitig einen Respekt vor ihrer Leserschaft gepflogen hat, der bis heute auf jede Form der Anbiederung verzichten kann.«

Immer wieder wird in den Medien auf die besondere Sprache der Nöstlinger eingegangen. So schreibt das Wiener Wochenmagazin »Falter«: »Nöstlingers Trumpf ist die Sprache, sie liebt Ausdrücke aus dem Wiener Dialekt, die ›Pfui-Sprache‹. Dabei schreibt sie, beteuert Nöstlinger, den Kindern sowieso nicht immer nach dem Maul, weil sie weiß, dass sie es ohnehin bei keinem Lektor dieser Welt durchsetzen könnte: ›Eines der zahmsten Schimpfworte meiner Tochter war ›oaschgfickta Nikolo‹‹.«

Da ist es zweifellos fraglich, ob sich solches Vokabular als Lesestoff für die lieben Kleinen aus pädagogischer Sicht eignet.

Leipzig 2002

Bei Deutschlehrern gelten die zwei autobiografischen Romane »Maikäfer, flieg!« und »Zwei Wochen im Mai« als bewährte Schullektüre. Die »Franz«- und »Mini«-Geschichten gehören zu den beliebtesten Büchern für Leseanfänger und sind auch in den Bibliotheken jene, die am meisten ausgeborgt werden. Auch die Hörkassetten, speziell der »Mini«- und der »Franz«-Serie, muss man oft vorbestellen.

Uns hat interessiert, was Menschen von fünf bis 99 aus dem deutschsprachigen Raum ganz spontan zu dem Namen Christine Nöstlinger einfällt. Wir fertigten entsprechende Fragebögen an und erhielten ein durchaus repräsentatives Feedback. So ergab die Umfrage unter 15- bis 16-jährigen

AHS-Schülern aus Wien, dass die meisten der Befragten mit einem oder mehreren Büchern der Nöstlinger aufgewachsen sind. Assoziationen wie »Volksschulliteratur, einfach geschrieben, spannend und abwechslungsreich, aber nie so aufregend« kennzeichnen hier die Rezeption, wobei überwiegend die »Mini«- und »Franz«-Serie als beliebteste Bücher genannt wurden.

Grundschülerinnen und Gymnasiastinnen aus Essen, Düsseldorf und Igersheim im Alter von sieben bis 15 Jahre stellen in erster Linie den Witz und die Komik der Geschichten in den Vordergrund. Auch hier werden die »Mini«- und »Franz«-Serie, aber auch »Maikäfer, flieg!« als Lieblingslektüre angegeben.

Eine der originellsten Antworten auf die Frage »Ist es dir schon einmal passiert, dass du etwas nachmachst, was du in einem Buch von Christine Nöstlinger gelesen hast?«, gab ein zehnjähriges Mädchen aus Deutschland an: »Ja, in der Maikäfer-flieg-Geschichte sagt die Hauptperson, Gemüsewürfel würden nicht aufgelöst gut schmecken, schön salzig, dann sagt irgendwer, Popel würden genauso schmecken, und ich habe das nicht geglaubt und habe es ausprobiert. Aber das ist schon ein paar Jahre her.«

Schüler einer vierten Klasse Volksschule aus Wien (neun bis zehn Jahre alt) antworteten auf die Frage »Welche Person in den Romanen von Christine Nöstlinger gefällt dir am besten, welche gefällt dir überhaupt nicht? Schreibe ein paar Sätze zur Begründung dazu«, mit folgenden interessanten Stellungnahmen:

»Armin aus Lillis Supercoup gefiel mir nicht. Rosa Riedl war sehr nett. Armin stank immer so, das war sehr unappetitlich. Rosa Riedl war sehr hilfsbereit, das gefiel mir gut.«

Ist es dir schon einmal passiert, dass du etwas nachmachst, was du in einem Buch von Christine Nöstlinger gelesen hast?

Nein, nein, nein!

Von welchem Buch hättest du gerne eine Fortsetzung?

Keinem!

Welches neue Franzbuch wünscht du dir?

Franz geht zum Arzt.
falls es das überhaupt gibt…

Welches neue Minibuch wünscht du dir?

Weis nicht.

Was wolltest du Christine Nöstlinger schon immer mal sagen?

Bitte mehr Franz Bücher

Zeichne (Male) eine Person aus Christine Nöstlingers Büchern, egal welche.

Danke für deine Mitarbeit.

Daniela und Uschi Pirker

Oder: »Mir gefällt am besten die Frau Bartolotti aus ›Konrad oder das Kind aus der Konservenbüchse‹, weil sie immer so komische, lustige Sachen sagt.«

»Ich mag den Gurkenkönig nicht, weil der immer so gemein ist. «

»Franz mag ich, Gabi hasse ich.«

»Ich mag Wolfgang aus dem Gurkenkönig, weil er cool aussieht und die Geschichte erzählt. Nicht mag ich den Papa aus dem Gurkenkönig, weil er auf der Seite vom Gurkenkönig ist und dem immer Recht gibt.«

Wir gaben auch Erwachsenen unseren Fragebogen. 25- bis 47-jährige berufstätige Wiener gaben sich teils nostalgisch. Auf die Frage, was sie Christine Nöstlinger schon immer sagen wollten, kam die Antwort: »Dass ich sie für ihr Lebenswerk bewundere. Für die vielen guten, positiven Gedanken für Groß und Klein möchte ich ihr danken und ganz besonders für den Dschi Dschei Wischer und das Buch über den Gurkenkönig.«

Dass aufgrund der langen schriftstellerischen Tätigkeit der Autorin bereits zweieinhalb Generationen mit den Figuren aus Nöstlingers Büchern aufwachsen, zeugt von der Zeitlosigkeit ihrer Werke. Auf die Frage »Haben Sie schon einmal etwas von Christine Nöstlinger gelesen, gesehen oder gehört?«, kam die Antwort einer 45-Jährigen:

»Zirka 20 Bücher, selber als Kind, später mit meinen Kindern, heute auch mit meinen Schülern.«

Auf die Frage, von welchen Büchern Fortsetzungen gewünscht werden, kamen erwartungsgemäß sehr unterschiedliche Angaben, am meisten jedoch wünschen sich Jung und Alt die Fortsetzung der »Franz«-Geschichten.

Wenden wir uns nun der Arbeit für den Rundfunk zu. In fast zärtlichem Ton schildert Christine Nöstlinger ihre Zeit beim Radio. Angefangen habe alles mit irgendeinem Baby-Thema im Familienfunk. Richtig stolz sei sie gewesen, als der Portier beim Funkhaus zum ersten Mal nicht gefragt habe, wer sie ist. Die Zeit beim Radio war für sie nicht nur abwechslungsreich, sondern auch intellektuell sehr bereichernd. »Ich hörte zum ersten Mal von Leuten wie Ivan Illich, Alice Miller, Eberhard Richter und Alexander Mitscherlich, von Begriffen wie Theologie der Befreiung, und schwarze und weiße Pädagogik, und ich gab mir Mühe, alle meine Defizite aufzuarbeiten.«

Der Mann, der sie all die Jahre über motiviert hat, beim Radio zu bleiben, der nicht nur eine arbeitstechnische, sondern auch eine »ethische Instanz« für sie war, ist Hubert Gaisbauer. Für seine Music-Box habe sie die Dialektgedichte geschrieben, die erst später dann auch verlegt wurden. Für ihn hat sie sich den Dschi Dschei Wischer ausgedacht, »und dass der kleine Kerl ein großer Erfolg wurde, ist ihm zu verdanken, denn ein guter Text ist für den Hugo, wenn hinterher kein Könner am Werk ist«. Und dann noch: »Ich habe im Laufe der Jahre für viele Medien gearbeitet. Verlage, Zeitungen, TiVi. Überall gab's gescheite Leute, aber die Arbeit für die hat mich nicht gescheiter gemacht. Das hat nur die Arbeit beim guten, alten Dampfradio bewirkt. Und drum halte ich dem Funkhaus die Treue, solange dort noch ein Häuchlein Dampfradiodampf zu erschnuppern ist.«

Zur Rezeption des »Dschi Dschei Wischers« bei den jungen Hörern ist das »Online Erinnerungsalbum für die Kinder der siebziger Jahre« heranzuziehen. Wir zitieren hier die Original-Einträge aus »Wickie, Slime und Paiper« (S. 100):

»Andrea writes:

Dschi Dschei Wischer Dschunior wurde einmal in der Früh im Radio gespielt. Hab ich immer zum Frühstück gehört, bevor ich in die Schule gegangen bin. Konnte ihn aber nicht leiden.

Sue writes:

Ich dagegen hab ihn geliebt! Die scheppernde Stimme … ›Liebe Kollegen‹. Die rätselhafte Gestalt (drei Zahnreihen, Roller an den Füßen etc.)! Die Sprache! Statt ›ich‹ sagte er beispielsweise

›meinereiner‹, statt ›schreiben‹ immer ›griffeln‹. Seine Eltern waren die ›werten Senioren‹ oder ›Altwischer‹.

Bei uns in der Familie hatten sich etliche Dschi-Dschei-Vokabeln etabliert. Die Mama war der Mutterwisch, wer mit dem Abwaschen dran war, war der Küchenwisch usw. ›Dessertwegen‹ sag ich heute noch. Außerdem hab ich mir immer einen Süßholzraspler gewünscht, wie ihn die Bibi Wischin zur Jause mitgehabt hat. Oder eine Bärenschinkensemmel.

Heidrun writes:

Das allseits übliche ›logo‹ und ›klaro‹ kam auch von Nöstlingers Dschi Dschei!

Carlos writes:

Wenn der Dschi Dschei im Radio kam (so um sieben Uhr herum, oder?) mussten bei mir zu

Wickie, Slime und Paiper, 1999

Hause immer alle ganz still sein. Das war mit Abstand meine liebste Radiosendung.

Batesman writes:

Bitte den genialen ›ich-war-damals-zu-jung-fand's-aber-trotzdem-irgendwie-lustig-Gugelhupf‹ nicht zu vergessen …

A:R writes:

Jo, der war wichtig. Und das ›Turnier auf der Schallaburg‹.«

Wir fragten also in unserem Umkreis noch einmal ganz konkret nach dem »Dschi Dschei Wischer« und bekamen folgende Antworten:

Anton, 47: »Ich kenne zwar den Dschi Dschei aus dem Radio, war aber damals schon 19 Jahre alt. Habe ihn als Belustigung empfunden. Die Sprache war für damalige Verhältnisse eher für pubertierende Personen gedacht und wurde als ›cool‹ empfunden.«

Christian, 40: »Meine Erinnerungen an Dschi Dschä (ich glaube, er wurde mit ä geschrieben) sind eigentlich noch recht frisch. Er kam immer am Morgen in Ö3, und ich persönlich habe die Sendung nicht gemocht. Ich fand die Stimme aufdringlich und unangenehm, die Geschichten eher dumm bzw. an den Haaren herbeigezogen und war eher froh, als der D-D das Zeitliche segnete. Hat aber sicher auch damit zu tun, dass ich zu dieser Zeit ein beginnender Pubertierender war, der sich für so ›Kinderkram‹ nicht mehr oder noch nicht interessierte. Details zu bestimmten Episoden weiß ich nicht, außer, dass diese Stimme so entsetzlich nervig war in ihrer elektronischen Verfremdung.«

Gabi, 36: »Ich habe Dschi Dschei Wischer als Kind geliebt und war ziemlich traurig, als diese Radiosendung eingestellt wurde. In der Volksschule drehte meine Mutter morgens das Radio auf, und beim Dschi Dschei Wischer wurden meine Geister wach. Er war so lustig, und ich konnte mich mit vielen seiner Abenteuer identifizieren. Nur seine Probleme mit der kleinen (oder großen?) Schwester verstand ich nicht immer, weil ich selbst eine Schwester war. Seine Stimme war sehr markant, aber da wusste ich wenigstens gleich, dass jetzt der Dschi Dschei Wischer ist und ich wach werden und aufpassen muss.«

Übrigens: Auf dem Internet-Link http://www.kiku.at/noestlinger/dschi.htm ist der Dschi Dschei original zu hören!

Zur Zukunft des Kinderbuches

Häufig wird Christine Nöstlinger als literarische Anwältin der Kinder bezeichnet. Nicht von ungefähr war sie von 1997 bis 1999 Vorsitzende der Menschenrechtsorganisation »SOS Mitmensch«. »Ich bin ein Kind und habe ein Recht auf alles Kindliche! [...] Ich habe ein Recht darauf, glücklich zu sein! [...] Ich muss mich nicht dauernd danach richten, was Erwachsene wollen! Ich bin ein freies Kind und weiß selbst am besten, was für mich gut ist«, heißt es in »Hugo, das Kind in den besten Jahren« (1984). Eine solche Einstellung markierte in Nöstlingers Anfangsjahren eine Zäsur innerhalb der Tradition der Zeigefinger-Kinderbuchliteratur und traf den liberalen Nerv der Generation nach 1968.

Christine Nöstlinger sei eine wahre Nichterzieherin vom Kaliber Astrid Lindgrens, hieß es deshalb in der Begründung zur Verleihung des Astrid-Lindgren-Gedächtnispreises im Jahr 2003. Ihre vielseitige und äußerst engagierte Tätigkeit als Schriftstellerin sei geprägt von respektlosem

Humor, scharfsinnigem Ernst und stiller Wärme. Zudem stehe sie vorbehaltlos auf der Seite der Kinder und Außenseiter.

»Weil ich kapiert habe – und dazu haben Astrids Bücher sehr viel beigetragen –, dass es gar nicht so sehr die Story ist, wegen der sich Kinder beim Lesen geborgen und getröstet und frei fühlen. Es ist die Sprache! Sprache kann zum Lachen und zum Weinen bringen, Sprache kann trösten, kann streicheln, kann das Gefühl von Geborgenheit geben, kann bewirken, dass man sich luftballonfrei fühlt«, sagte sie in ihrer Rede anlässlich der Preisverleihung. Und abschließend bemerkte sie: »Ohne die Leser gern zu haben, wird man diese Art von Sprache kaum erlernen, und so gut wie Astrid diese Sprache beherrschte, wird das wahrscheinlich niemand mehr zuwege bringen, aber ich bemühe mich zumindest in ihrem Sinne.«

Und was sagt sie zur deutschsprachigen Kinder- und Jugendliteratur von heute?

Was sie bemerke, sei, dass die heutigen Zeiten für Kinderliteraten, also für Leute, die Kinderbücher schreiben wollen, viel schwieriger seien als früher. Heute werde von den Verlagen viel weniger Wert auf die Qualität gelegt, die Frage sei immer nur die, ob sich ein Titel verkauft. »Früher gab es noch Verleger, die, wenn sie an einen Autor geglaubt haben und selber gefunden haben, der ist gut, dann haben die ein Buch von ihm verlegt. Wenn sich das nicht gut verkauft hat, haben sie gesagt: ›Na, das wird schon, wird sich halt das zweite vielleicht durchsetzen‹, und dann haben sie ein zweites verlegt, und wenn sich das auch nicht verkauft hat: ›Na, dann probieren wir halt noch ein drittes!‹ So was, glaub ich, gibt es heute kaum mehr, und wenn das ein Verlag macht, dann geht er zugrunde.«

Sie wolle keinesfalls auf die Verlage schimpfen, denn die Schwierigkeiten seien heute ganz andere: »Man muss jetzt so viel auf den Verkauf achten. Der Oetinger Verlag, zum Beispiel, versucht es jetzt eben mit billigen Büchern und macht damit im Moment auch noch ein gutes Geschäft. Aber wenn Sie sich vorstellen, der verkauft dicke Bücher um 7 Euro 90. Ein Kinderbuch kostet in der Produktion mehr als ein Buch für Erwachsene, und das kriegt man unter 22 Euro überhaupt nicht mehr. Daher müssen von so einem Buch heute mindestens 30.000 bis 40.000 verkauft werden, damit der Verlag irgendwie auch auf seine Rechnung kommt. Nebstbei natürlich auch der Autor. Der bekommt ja dann auch weniger Prozente, und die Verlage können sich das einfach nicht mehr leisten, dass sie lang herumprobieren und junge Autoren fördern, wenn die kein Geschäft sind.«

Die Kinder- und Jugendbücher der letzten fünf bis zehn Jahre haben sich immer drastischeren Themen zugewandt: Brutalität, Magersucht, Vergewaltigung, Selbstmord, um nur ein paar zu nennen. Wie sieht das die Nöstlinger? »Ich glaube, das sind alles Eintagsfliegen. Es gibt da gewisse Autoren, ich will ja nicht böse über sie reden, aber die reißen sich immer das Thema der Saison unter den Nagel, und dann wird das so genannte ›Problembuch‹ geschrieben. Wenn ich das schon höre, Problembuch, also dann graust es mir schon.«

Sie behandle in ihren Büchern auch Probleme, aber ein Buch soll auch ein Stück vom Leben beschreiben. Und das Leben ist nicht immer nur ein Problem. »Und wenn ich jetzt schon aus der Sicht vom Problembuch daran gehe, dann, glaube ich, wird nichts Vernünftiges daraus.«

Welchen Kinderbuchautoren würde sie eine lange Zukunft voraussagen? »Vielleicht bin ich ignorant und übersehe manches, aber gerade in Österreich merke ich nichts von jungen Autoren, die so verlegt werden, dass sie mir auffallen. Wenn ich in eine Buchhandlung schaue, sind die jüngsten Kinderbuchautoren schon über 50 Jahre alt. Diejenigen, die bei uns als jugendlich gehandelt werden, wie Heinz Janisch oder Georg Bydlinski, sind alles keine jungen Menschen mehr.

Von Christoph Mauz hält sie nichts? Der gehört eigentlich zur jüngeren Generation.

»Der Mauz? Das ist sein Spitzname, der heißt ja Hubert Hladej, genau wie sein Vater, der wird noch keine 40 sein, das stimmt, aber der hat beschlossen, dass er kein Kinderbuch mehr schreibt. Er hat gesagt, er schreibt jetzt Krimis für Erwachsene.«

Klingt nicht sehr vielversprechend für die jüngere Schriftsteller-Generation.

Fazit: Gut, dass es Christine Nöstlinger gibt.

Anhang

Bibliografie

Primärliteratur

1970–1979

Die feuerrote Friederike. Wien: Jugend & Volk 1970.
Die Kinder aus dem Kinderkeller. Aufgeschrieben von Pia Maria Tiralla, Kindermädchen in Wien. Beltz & Gelberg in der Verlagsgruppe Beltz, Weinheim & Basel 1971.
Wir pfeifen auf den Gurkenkönig. Wolfgang Hogelmann erzählt die Wahrheit, ohne auf die Deutschlehrergliederung zu verzichten. Beltz & Gelberg in der Verlagsgruppe Beltz, Weinheim & Basel 1972.
Pit und Anja entdecken das Jahr. Ein Sachbilderbuch für Vorschulkinder zum Anschauen und Vorlesen. Hannover: Hermann Schroedel 1972.
*Maikäfer, flieg! Mein Vater, das Kriegsende, Cohn

und ich. Beltz & Gelberg in der Verlagsgruppe Beltz, Weinheim & Basel 1973.
Maikäfer, flieg! Mein Vater, das Kriegsende und ich. / Zwei Wochen im Mai. Mein Vater, der Rudi, der Hansi und ich. Beltz & Gelberg in der Verlagsgruppe Beltz, Weinheim & Basel 1973, 1981.
Der kleine Herr greift ein. Hamburg: Friedrich Oetinger 1973.
Iba de gaunz oamen kinda. Wien: Jugend & Volk 1974.
Das Leben der Tomanis. Mit Illustrationen von Helme Heine. Köln: Gertraud Middelhauve 1974.
Der liebe Herr Teufel. Wien: Jugend & Volk 1975.
Konrad oder Das Kind aus der Konservenbüchse. Hamburg: Friedrich Oetinger 1975.
Pelinka und Satlasch. Wien: Jugend & Volk 1976.
Fly away home. Übers. Von Anthea Bell. London: Abelard Schuman 1976.
Lollipop. Beltz & Gelberg in der Verlagsgruppe Beltz, Weinheim & Basel 1977.
Nöstlinger, Christine u.a. *Damals war ich vierzehn*. Wien: Jugend & Volk 1978.
Andreas oder Die unteren sieben Achtel des Eisbergs. Beltz & Gelberg in der Verlagsgruppe Beltz, Weinheim & Basel 1978.
Meine Nachbarin. In: Jung, Jochen (Hg.): *Glückliches Österreich. Literarische Besichtigung eines Vaterlands*. Salzburg: Residenz 1978.

Einführung. In: Neumann, Robert: *Die Kinder von Wien.* Beltz & Gelberg in der Verlagsgruppe Beltz, Weinheim & Basel 1979.
Rosa Riedl Schutzgespenst. Wien: Jugend & Volk 1979.

1980–1989

Dschi Dschei Dschunior. Wischer Briefe. Wien: Jugend & Volk 1980.
Il'sa Janda, let - četyrnadcat. Übers.: A. Isaeva. Moskau: Progress 1980.
Pfui Spinne! Beltz & Gelberg in der Verlagsgruppe Beltz, Weinheim & Basel 1980.
Zwei Wochen im Mai. Mein Vater, der Rudi, der Hansi und ich. Beltz & Gelberg in der Verlagsgruppe Beltz, Weinheim & Basel 1981.
Gretchen Sackmeier. Eine Familiengeschichte. Hamburg: Friedrich Oetinger 1981.
Der Denker greift ein. Wien: Jugend & Volk 1981.
Rosalinde hat Gedanken im Kopf. Hamburg: Friedrich Oetinger 1981.
Das kleine Glück. Mit Fotografien von Gerhard Trumler. Wien: Edition Christian Brandstätter 1982.
Das Austauschkind. Wien: Jugend & Volk 1982.
Dicke Didi, fetter Felix. Wien: Jugend & Volk 1982.

Ein Kater ist kein Sofakissen. Hamburg: Friedrich Oetinger 1982.

Anatol und die Wurschtelfrau. Wien: Jugend &Volk 1983.

Gretchen hat Hänschen-Kummer. Hamburg: Friedrich Oetinger 1983.

Am Montag ist alles ganz anders. Wien: Jugend & Volk 1984.

Geschichten vom Franz. Hamburg: Friedrich Oetinger 1984.

Der Wauga. Wien: Jugend & Volk 1985.

Oh, du Hölle. Julias Tagebuch. Beltz & Gelberg in der Verlagsgruppe Beltz, Weinheim & Basel 1986.

Der geheime Großvater. Wien: Jugend & Volk 1986.

Oh, du Hölle! Beltz & Gelberg in der Verlagsgruppe Beltz, Weinheim & Basel 1986.

Der Hund kommt. Beltz & Gelberg in der Verlagsgruppe Beltz, Weinheim & Basel 1987.

Der neue Pinocchio. Beltz & Gelberg in der Verlagsgruppe Beltz, Weinheim & Basel 1988.

Gretchen mein Mädchen. Hamburg: Friedrich Oetinger 1988.

Mein Tagebuch. Wien: Dachs 1989.

Frans i ettan. Übers.: Gun-Britt Sundström. Stockholm: Berghs 1989.

1990–1999

Nagle einen Pudding an die Wand. Hamburg: Friedrich Oetinger 1990.
Martijn gaat naar school. Übers.: Ineke Ris. Amsterdam: Leopold 1990.
Anna und die Wut. Wien: Jugend & Volk 1990.
Sowieso und überhaupt. Ein besinnlich-heiterer Familienroman. Wien: Dachs 1991.
Ich kann nur über Dinge schreiben, die ich kenne. In: *Almanach zur österreichischen Kinderkultur.* Hamburg: Katholische Akademie 1991.
Manchmal möchte ich ein Single sein. Wien: Niederösterreichisches Pressehaus 1991.
Wie ein Ei dem anderen. Beltz & Gelberg in der Verlagsgruppe Beltz, Weinheim & Basel 1991.
Salut für Mama. St. Pölten: Niederösterreichisches Pressehaus 1992.
Ein und Alles. Ein Jahresbuch mit Geschichten, Bildern, Texten, Sprüchen, Märchen und einem Tagebuch-Roman. Mit Illustrationen von Jutta Bauer. Beltz & Gelberg in der Verlagsgruppe Beltz, Weinheim & Basel 1992.
Mini muß in die Schule. Wien: Dachs 1992.
Einen Vater hab ich auch. Beltz & Gelberg in der Verlagsgruppe Beltz, Weinheim & Basel 1992.
Pfui Spinne. Beltz & Gelberg in der Verlagsgruppe Beltz, Weinheim & Basel 1993.

Kim takar salatalik krali'ni. Istanbul: Düzlem Yayinevi 1993.
Liebe Tochter, werter Sohn! München: dtv 1994.
Einen Vater habe ich auch. Beltz & Gelberg in der Verlagsgruppe Beltz, Weinheim & Basel 1994.
Liebe Tochter, werter Sohn! Die nie geschriebenen Briefe der Emma K., 75. München: dtv 1994.
Was ist nur aus uns geworden? Heitere Alltagsgeschichten. Wien: Tosa 1994.
Der TV-Karl. Aus dem Tagebuch des Anton M., aufgefunden bei der endgültigen Räumung der Wohnung der Anna M., in Kleinfrasdorf. Beltz & Gelberg in der Verlagsgruppe Beltz, Weinheim & Basel 1995.
Ein Hund kam in die Küche. Wien: Dachs 1996.
Iba de gaunz oamen Leit. Gedichte. Wien: 1996. Dachs 1996.
Geplant habe ich gar nichts. Aufsätze, Reden, Interviews. Wien: Dachs 1996.
Schulgeschichten vom Franz. Hamburg: Friedrich Oetinger 1997.
Bonsai. Beltz & Gelberg in der Verlagsgruppe Beltz, Weinheim & Basel 1997.
Andreas oder Die sieben unteren Achtel des Eisbergs. Beltz & Gelberg in der Verlagsgruppe Beltz, Weinheim & Basel 1998.
Pauls (Susis) geheimes Tagebuch. Wien: Dachs 1998.

Stundenplan. Beltz & Gelberg in der Verlagsgruppe Beltz, Weinheim & Basel 1998.

ab 2000

Konsument Extra: *Was Nachbarn dürfen. So wehren Sie sich erfolgreich gegen Lärm, Gestank, Rücksichtslosigkeit.* Mit Beiträgen von Christine Nöstlinger. Wien: Verein für Konsumenteninformation 2001.

Dani Dachs will eine rote Kappe. Wien: Dachs 2001.

Wolfgang Teuschl: Wiener Dialekt Lexikon. K. Schwarzer, Wien 1990, 270 S. Ausgelesen von Christine Nöstlinger. In: 1001 Buch, 3/01

Astrid Lindgren. Menschenbilder. ORF 2002.

Fußballgeschichten vom Franz. Hamburg: Friedrich Oetinger 2002.

Opageschichten vom Franz. Hamburg: Friedrich Oetinger 2002.

Mit zwei linken Kochlöffeln. Wien: Dachs 2003.

Am Montag ist alles ganz anders. Wien: Dachs 2003.

Die Ottakringer Straße. In: Kleibel, Arno. *Kleine Heimatkunde. Ein Österreichisches Lesebuch.* Wien: Hauptverband des Österreichischen Buchhandels 2003.

Lillis Supercoup. Hamburg: Friedrich Oetinger 2004.

Zür hátán zür. Szeged: Könyvmolyképzö Kiadó 2004.
Vogel, Werner (Hg.). *Kindheit in Österreich. 24 bedeutende Persönlichkeiten im Gespräch mit Kindern.* Mit einem Vorwort von Christine Nöstlinger. Wien: Edition Innsalz 2004.
Quatschgeschichten vom Franz. Hamburg: Friedrich Oetinger 2005.
Leon Pirat. Beltz & Gelberg in der Verlagsgruppe Beltz, Weinheim & Basel 2006.

Sekundärliteratur

Ewer, Hans-Heino/Seibert, Ernst. *Geschichte der österreichischen Kinder- und Jugendliteratur vom 18. Jahrhundert bis zur Gegenwart.* Wien: Buchkultur Verlaggesellschaft 1997.
Dilewsky, Klaus Jürgen. *Christine Nöstlinger als Kinder – und Jugendbauchautorin. Genres, Stoffe, Sozialcharaktere, Intentionen.* Frankfurt am Main: Haag und Herchen 1993.
Kranzl, Sabine. *Aspekte kinderliterarischer Komik am Beispiel der Autoren Janosch und Christine Nöstlinger.* Salzburg: Dipl.-Arbeit 1998.
Fuchs, Sabine u. a. *...weil die Kinder nicht ernst genommen werden. Zum Werk von Christine Nöstlinger.* Wien: Edition Praesens, Verlag für

Literatur- und Sprachwissenschaft 2003.
Fuchs, Sabine. Christine Nöstlinger. *Eine Werkmonographie.* Wien: Dachs 2001.
Levý, Jiři. *Die literarische Übersetzung. Theorie einer Kunstgattung.* Frankfurt am Main 1969.
Über Lügen, Helden und die Neugier. (Literaturvideo) Ohne Datum.
Die 3 Posträuber. Spielfilm von Andreas Prochaska. Nach dem gleichnamigen Buch von Christine Nöstlinger. Wien: Waga-Film 1998.
Leti, majskij žuk. In: *Detskaja Literatura Avstrii, Germanii, Švejcarii.* Chrestomtija dlja načalnoj i srednej škol. Čast' 2. Moskau: Vlados 1998.
Franceve šolske zgodbe. Übers.: Lučka Jenčič-Kandus.Celovec: Mohorjeva zalošba 1999.
O'Sullivan, Emer. *Kinderliterarische Komparatistik.* Heidelberg 2000.
Pachler, Norbert J. *Mädchen und Frau bei Christine Nöstlinger mit einem einführenden Diskurs über Problematiken der »Kinder- und Jugendliteratur.* Salzburg 1990.
Pauser, Susanne u.a. *Wickie, Slime und Paiper. Das Online- Erinnerungsalbum für die Kinder der siebziger Jahre.* Wien: Böhlau 1999.
Rieken-Gerwing, Ingeborg. *Gibt es eine Spezifik kinderliterarischen Übersetzens?* Frankfurt am Main 1995.
Pichler, Ute. *Die Darstellung der Familie in aus-*

gewählten Jugendromanen von Christine Nöstlinger. Graz: Dipl.-Arbeit 2003.
Christine Nöstlingers Villa Henriette. Ein Film von Peter Payer. Regensburg: MFA Film Distribution 2005.
Weitendorf, Silke: *Der Nöstlinger ihre Verlegerin. Über die Zusammenarbeit mit einer Autorin, wie sie sich jeder Verleger wünscht.* In: 1001 Buch, 3/01
Hladej, Hubert: *»Avanti Popolo« für Christine Nöstlinger. Geschichte einer verwandt- und freundschaftlichen Beziehung samt Bekenntnis einer Spiel-Schuld.* In: 1001 Buch, 3/01
Gelberg, Hans-Joachim: *Mit einem Doppelwebstuhl. Über handwerkliche und humane Herausforderungen des Schreibens.* In: 1001 Buch, 3/01
Holzer, Konrad: *Blunzendoppeldecker und Grüner Veltliner – Über Christine Nöstlingers Interesse am Kulinarischen.* In: 1001 Buch, 3/01
Roeder, Caroline: *Macht nix, macht nix, Ananas! Oder wie ich lernte, Christine Nöstlinger zu verstehen.* In: 1001 Buch, 3/01
Weger, Siegfried: *Christine Nöstlinger, die erfolgreichste Autorin der österreichischen Kinderliteratur., feiert am 13. Oktober 2006 ihren 70. Geburtstag. Die Bücher der literarischen »Nichterzieherin« à la Astrid Lindgren sind internationale Klassiker.* In: »Welt der Frau«, Oktober 2006.

Arbeiten für Tageszeitungen

Ab 1974 schreibt Christine Nöstlinger Kolumnen, Rezensionen und Kommentare für Zeitungen, und zwar im »Kurier«, »Die ganze Woche« und »täglich Alles«.

Bis Mitte der achtziger Jahre erscheint im »Kurier« regelmäßig Nöstlingers Tagebuch-Kolumne.

Verschiedene Sammlungen der frühen Zeitungsbeiträge erscheinen 1987 im Niederösterreichischen Pressehaus unter den Titeln *Nöstlingers Tagebuch* und *Haushaltsschnecken leben länger*. 1990 folgt die Sammlung *Manchmal möchte ich ein Single sein*, 1991 *Streifenpullis stapelweise*, 1992 *Salut für Mama* und 1994 *Management by Mama*.

Für »Die ganze Woche« liefert die Autorin ab 1988 wöchentlich zwei Kolumnen ab. Eine Sammlung davon erscheint 1988 im Dachs Verlag: *Die nie geschriebenen Briefe der Emma K., 75*. 1989 gibt der gleiche Verlag *Mein Tagebuch* und 1992 *Liebe Tochter, werter Sohn!* heraus, ebenfalls Sammlungen von Beiträgen aus »Die ganze Woche«.

Seit im Jahr 1992 die Tageszeitung »täglich Alles« gegründet wurde, kommentierte sie dort täglich das aktuelle Tagesgeschehen auf der Titelseite. Nach verschiedenen Differenzen mit der Redaktion beendete sie 1998 den Vertrag.

Zeitungsartikel

Der Standard
23.6.2005, S. 30
14.5.2005, S. A2
12.2.2005, S. 39
7.12.2004, S. 31
17.9.2004, S. 30f.
19.3.2003, S. 30
5.6.2003, S. 40
13.10.2001, S. 31

Die Presse
17.6.2005, S. 29
18.8.2004, S. 32
9.11.2001, S. 28

OÖ Nachrichten
1.12.2004, S. 16
24.11.2005, S. 23

Süddeutsche Zeitung
23.4.2003 S. 13
6.7.2001, S. 20

Wiener Zeitung
25.11.2005, S. 8
10.10.2003, S. 26:

5.6.2003, S. 3
12.10.2001, S.10

Frankfurter Allgemeine Zeitung
19.3.2003, S. 40

Die Welt
4.6.2003, S. 28

Tiroler Tageszeitung
13.10.2001, S. 24
14.4.2005, S. 16

Rheinischer Merkur
12.10.2001, S. 10

Der Falter
12.10.2001, S. 19f.

Vorarlberger Nachrichten
6.10.2001, S. D10
Dolomiten
20.12.2001, S. 13

Buchmedia Magazin
Nr. 6, 2/06

Buchkultur Österreich Spezial 2006

Arbeiten für das Theater

Für das Theater hat Nöstlinger eher wenig verfasst, da sie selbst ihre Stärken im Prosabereich und in der Arbeit für Rundfunk und Fernsehen sieht.
1971 schreibt sie die Theaterfassung zu ihrem gleichnamigen Buch *Mr. Bats Meisterstück.* 1975 dramatisiert sie dann *Konrad oder Das Kind aus der Konservenbüchse.* Mit Martin Burkert schreibt sie eine Theaterfassung für *Wir pfeifen auf den Gurkenkönig.*
Während sie selbst also nicht so gerne dramatisiert, werden ihre Romane doch sehr zahlreich für das Theater umgesetzt.

1978: gemeinsam mit Jürgen Zielinski Bearbeitung von *Mr. Bats Meisterstück oder Die total verjüngte Oma* für das Theater
1988: Jürgen Zielinski erstellt gemeinsam mit Knut Weber die Theaterfassung von *Das Austauschkind*
1988: Jürgen Zielinski dramatisiert gemeinsam mit Irmgard Paulis *Eine mächtige Liebe*
1989: Urs Obrecht dramatisiert *Der Hund kommt*
1990: Puppenspieltheater-Fassung *Die feuerrote Friederike* im Lustenauer Marionettentheater
Die Augsburger Puppenkiste inszeniert *Der liebe*

Herr Teufel
1990: Musical *Wir pfeifen auf den Gurkenkönig,* Bühnenfassung von Peter Lund, Musik von Danny Ashkenasi, Berliner Hebbel-Theater
1992: *Iba de gaunz oamen Kinda,* dramatisiert von Erwin Neuwirth und Peter Göning im Klagenfurter ORF-Theater
1993: Eberhard Petschinka dramatisiert *Gretchen Sackmeier* sowie *Ein Kater ist kein Sofakissen*
Saison 2006/2007: *Rosa Riedl Schutzgespenst* im Theater der Jugend in Wien

Rundfunk

1972: Adaption von *Ein Mann für Mama* für den Hörfunk (1973 erstmals gesendet)
70er-Jahre: Hörfunkfassung von *Maikäfer, flieg!*
1975: Ö3 sendet monatlich mundartliche Rollentexte von Christine Nöstlinger
1979: Christine Nöstlinger wird beauftragt, für das »Jahr des Kindes« eine Hörfunkreihe zu konzipieren. Daraus entsteht der unvergleichliche *Dschi Dschei Wischer Dschunior.* Diese Sendung macht sie weit über den Buchmarkt hinaus bekannt. Worte aus der Wischer-Sprache finden auch im täglichen Leben Anwendung. Der *Dschi Dschei Wischer* ist eigentlich nur für ein Jahr geplant, bei einer Sendezeit von täglich drei Mi-

nuten. Aufgrund seines enormen Erfolges wird er noch bis 1982 gesendet. 1984 gibt es noch jeweils sonntags eine eigene Wischer-Radiostunde.

Film/Fernsehen

1974: ORF-Ausstrahlung des nach ihrem Drehbuch entstandenen TV-Films (Adaption von *Ein Mann für Mama*) unter der Regie von Otto Anton Eder
1976: Wiederholung des Filmes
1977: der TV-Film *Familienzauber* wird ausgestrahlt (1976 in einer Koproduktion von ORF und ZDF entstanden)
1977: Drehbuch für eine langfristige Familienserie, die 14-tägig ausgestrahlt wird. Christine Nöstlinger überwirft sich aber mit dem Regisseur Walter Davy, der mit ihrer Darstellung einer typisch österreichischen Familie nicht einverstanden war. Nach 29 Folgen enden daher *Die Emmingers* im österreichischen Fernsehen. In der letzten noch ausgestrahlten Folge möchte Christine Nöstlinger nicht einmal mehr als Autorin aufscheinen.
1978: zwei Kurzfilme zum Thema Zivilcourage und Ehepaschas
1981: zwei TV-Filme im ORF: *Die Weltmaschine* und *Es hat sich eröffnet …*

1985: Ausstrahlung von *Auf immer und ewig*, basierend auf Christine Nöstlingers Kurzgeschichte *Eine mächtige Liebe*
1985: Reportage über Schrebergärten *Es ist mir ein Dorn im Auge* (1982 erschien *Das kleine Glück. Schrebergärten* mit Fotografien von Gerhard Trumler)
1986: *Wiener Vierteltour. Eine sinnlich-kulinarisch-poetisch-musikalische Reise durch die Wiener Volkskultur*
1987: Drehbuch für den TV-Film *Ein Mann nach meinem Herzen*
1992: Drehbuch für den TV-Film *4 Frauen sind einfach zu viel*
1994: Drehbuch für die Fernsehkomödie *Dicke mit Taille*
1987: Drehbuch für die TV-Serie *Rosa und Rosalind*
1991: Drehbuch für die TV-Serie *Sowieso und überhaupt*
1993: Drehbuch für die TV-Serie *Ein Wahnsinnskind*
1994: Drehbuch für die TV-Serie *Nicht ohne Marie*
1989: Libretto für eine Fernseh-Oper *Die verlorene Wut*
1991: Libretto für das musikalische Volksstück *Franz und Frei*

Auszeichnungen und Preise

1972 Friedrich-Bödecker-Preis für
Die feuerrote Friederike
Die Kinder aus dem Kinderkeller
Die drei Posträuber
Wir pfeifen auf den Gurkenkönig
1973 Deutscher Jugendliteraturpreis (früher: Deutscher Jugendbuchpreis) für *Wir pfeifen auf den Gurkenkönig*
1974 Buxtehuder Bulle für *Maikäfer, flieg!*
Österreichischer Staatspreis für Kinder- und Jugendliteratur für *Achtung! Vranek sieht ganz harmlos aus*
1979 Österreichischer Jugendbuchpreis für *Rosa Riedl, Schutzgespenst*
UNIDA-Preis für Hörfunk für *Dschi Dschei Wischer Dschunior*
Mildred L. Batchelder Award für *Konrad oder Das Kind aus der Konservenbüchse*
1980 Jugendbuchpreis der Stadt Wien für *Dschi Dschei Wischer Dschunior*
1982 Goldener Griffel (Holländischer Jugendbuchpreis) für *Maikäfer, flieg!*
1984 Hans-Christian-Andersen-Medaille (Internationaler Jugendbuchpreis) für ihr Gesamtwerk
1986 Preis der Leseratten des ZDF für *Man nennt mich Ameisenbär*

1986 Nestroy-Ring
1987 Österreichischer Staatspreis für Kinder- und Jugendliteratur für Der Hund kommt
Österreichischer Kinderbuchpreis für *Der geheime Großvater*
Kinderbuchpreis der Stadt Wien für *Der geheime Großvater*
1988 Staatspreis für »Die schönsten Bücher Österreichs 1987/88« im Bereich Herstellung und Gestaltung sowie Schutzumschläge für *Iba de gaunz oaman Mauna*
1989 Österreichischer Würdigungspreis für Kinder- und Jugendliteratur für ihr Gesamtwerk
1990 La vache qui lit (Zürcher Kinderbuchpreis) für *Der Zwerg im Kopf*
Kleinkinderbuchpreis der Stadt Wien für *Anna und die Wut*
1991 Kinderbuchpreis der Stadt Wien für *Sowieso und überhaupt*
Ehrenliste des österreichischen Kinder- und Jugendbuchpreises für *Sowieso und überhaupt*
Preis der Leseratten des ZDF für *Nagle einen Pudding an die Wand*
1992 Preis der Finnish Society for Children Books für *Krankengeschichten vom Franz*
Kinderbuchpreis der Stadt Wien für *Mini muss in die Schule*

1993 Erster Preis der Stiftung Buchkunst für *Ein und alles*

1997 Steirische Leseeule für *Am Montag ist alles ganz anders*

1998 Ehrenpreis des österreichischen Buchhandels für Toleranz in Denken und Handeln

2001 Österreichischer Staatspreis für Kinderlyrik

2002 Wildweibchenpreis

2003 Astrid-Lindgren-Gedächtnispreis

2003 Ehrenkreuz für Wissenschaft und Kunst I. Klasse

Personen Register

Danksagung und Bildnachweis

Wir danken folgenden Verlagen und Printmedien für die Abdruckgenehmigung:

Patmos Verlag:
»Ich über mich« aus: »Geplant habe ich gar nichts«; »Vom nerwösn Madl« aus: »Iba de gaunz oamen leit«;

Verlag Beltz & Gelberg:
Neumann, Robert: »Zwei Wochen im Mai«; »Die Kinder von Wien«; »Sprache leicht, Sprache schwer ...« aus: Das große Nöstlinger Lesebuch

Der Standard, 28. August 2006:
»Jenseits der Schamgrenze«

1000 und 1 Buch:
»Der Nöstlinger ihre Verlegerin – Über die Zusammenarbeit mit einer Autorin, wie sie sich jeder Verleger wünscht«. Von Silke Weitendorf; »Avanti Popolo für Christine Nöstlinger – Geschichte einer verwandt- und freundschaftlichen Beziehung samt Bekenntnis einer Spiel-Schuld«. Von Hubert Hladej; »Mit einem Doppel-

webstuhl – Über handwerkliche und humane Herausforderungen des Schreibens«.Von Hans-Joachim Gelberg; »Blunzendoppeldecker und Grüner Veltliner – Über Christine Nöstlingers Interesse am Kulinarischen«. Von Konrad Holzer; »Macht nix, macht nix, Ananas! – Oder wie ich lernte, Christine Nöstlinger zu verstehen«.Von Caroline Roeder; »Wolfgang Teuschl: Wiener Dialekt Lexikon Wien: K. Schwarzer 1990, 270 S. Ausgelesen von Christine Nöstlinger«

Welt der Frau:
»Friederike, Franz und Freunde« von Siegfried Weger

Bildnachweis
Beltz & Gelberg (16, 19, 137)
Böhlau, Covergestaltung: Burghardt (164)
Gelberg (87, 140)
Oetinger, Foto: Marcinkowski (146)
Oetinger (142, 145)
Patmos (104, 132, 154, 158)
Pirker (11, 12, 13, 14, 48, 65, 125)
Schirnhofer (58)
Sokol (67)
Vladoš (115)
Weger (39, 40, 46)